高校生の就職試験

2025年度版

はじめて学ぶ
SPI

就職試験情報研究会

TAC出版
TAC PUBLISHING Group

はじめに

　就職試験においては，筆記試験（SPIなど）と面接試験（2～4回）が実施され，これらをともにクリアしたら待望の「内定」がいただけます。筆記試験では，大部分の会社は自社で採用試験の問題を作らず，採用テスト会社が作成した問題を使用しています。採用テスト会社の最大手が「リクルートマネジメントソリューションズ」で，同社が作成・販売しているのが「SPI3」です。したがって，「SPI3」をクリアしないことには筆記試験はクリアできず，内定はいただけないということです。

本書の特長

●「能力検査」に的を絞ったこと

　SPIは「能力検査」と「性格検査」から構成されています。「性格検査」は自社の仕事内容や社風に適した人物であるかどうかなどを判断するためのもので，受検者からすれば，質問されたことに対し，「素直に，正直に答えること」が第一だと考えられます。ですから，「性格検査」については前もって準備する必要はないと思われます。

　これに対し，「能力検査」は大いに準備をする必要があり，いくら能力をもっていても，準備をしなかったら思わぬ不覚をとることも十分あります。また，SPIの場合，正確さとともにスピードも求められるので，類似問題を数多く解くことがポイントです。

●ジャンル別に分けたこと

　「能力検査」は，「言語問題」と「非言語問題」から構成されています。SPIのひとつの特徴は，「言語問題」「非言語問題」とも，出題ジャンルに大きな変動がないことです。たとえば，「言語問題」については毎年必ず「二語の関係」は出題され，その問題数は他のジャンルより多いものとなっています。「非言語問題」については出題ジャンルが多いので，SPIの種類によっては出題されないジャンルもありますが，大部分のジャンルは毎年確実に出題されます。

　本書では問題をジャンル別に分けているので，最初は自分の好きなジャンルから取り組んだらよいと思います。そして，少し調子が出てきたら，他のジャンルにも取り組み，後半は苦手なジャンルにもチャレンジしたらよいと思います。

編集部

目　　次

PART1　非言語分野

PART2　言語分野

就職試験とSPI

1 高校生の就職活動のスケジュール

3年生7月 　　7月1日に求人票が学校で公開される

　　高校生を採用したいと考えている企業の求人票が公開されるので，それを見て，どんな企業に就職できるのか，どんな企業で働きたいかを検討します。

　　しかし，"就職は一生の大事"であるので，2年生の頃から自分の高校にはどんな企業から求人票が来ているかなど，前もって調べておきましょう。

9月 　　9月上旬　学校側が生徒の応募書類を企業に提出する

　　　　　　　　　　　　　　　　　（沖縄県は8月下旬）

　　学校が生徒の応募書類を提出します。ただ，企業側の求人数が5名にもかかわらず，応募者がそれを大きく上回る場合，学校内で事前に選考がなされることもあります。

　　9月中旬　企業による採用選考及び採用内定開始

　　多くの応募者の中から，自社にマッチする高校生を選ぶ，企業の採用選考が始まることになります。

　　具体的には，筆記試験と面接試験が実施されます。

　　筆記試験と面接試験が良かった高校生に対して，「採用します」という内示がなされます。両方が会社の設定する基準をクリアすることが条件となります。

　　一方，企業側の求める人物像でなかった場合には何らかのかたちで「不合格」が伝えられます。

　　「不合格」の場合には他の企業を受け，内定をもらうまで，就職活動を続けることになります。1度失敗しても，落ち込まないことが肝要です。受験するときには人気の低い企業であっても，20年以上もたつと一流会社になっているケースが多々あります。

翌年4月 　　入社

② 高校生の就職活動の特徴

〈その1〉高校の先生が主導的な役割を果たす

　　7月1日に求人票が公開されるので，生徒はそれを見て，"志望する企業を決める"と考えるでしょうが，一般的には高校の先生が「○○君，この企業を受けてみたらどうだろうか」などとアドバイス・指導してくれます。したがって，一般的には生徒はそれに従って，先生がすすめてくれた企業を受けに行くことになります。

　　ただ，最近は高校生も就職活動に積極的になりつつあるので，求人票を見て興味のある企業があったら，夏休みを利用して会社見学の申込みなどをしてみたらどうでしょうか。その体験・経験が面接試験のとき，好結果をもたらすこともあります。

〈その2〉高校の就職では，"1人1社制"という制度がある

　　大学生の場合，同時に多くの企業を受けるのが常職となっており，1人で3つも4つも内定をもらう人もいます。

　　ところが高校生の場合，原則として，一時期に1人の生徒が受験できる企業の数は1社となっています。したがって，志望していた企業から「不合格」といわれたら，先生に別の会社を見つけてもらって，再度，筆記試験などを受けることになります。

　　ただし，この点については最近，一部の自治体が9月上旬から複数受験を導入するなど，各自治体によって事情が異なってきているので，詳細は先生に聞いてみて下さい。

③ SPIとは

　　SPI（Synthetic Personality Inventory）は，1974年に当時の日本リクルートセンター社の人事測定事業部によって開発されたマークシート式の総合適性検査です。SPI2はSPIに代わり2005年12月から導入され，SPI3はSPI2に代わり2013年1月から導入されました。

　　SPI3は，「能力検査」と「性格検査」の2つから構成されています。「能力検査」は，「言語問題」と「非言語問題」から構成されています。

　　「言語問題」で出題される主なジャンルは次の通りです。

> ①同意語・反意語　②二語の関係　③語句の意味
> ④四字熟語，ことわざ・慣用句　⑤同音異義語・同訓異義語
> ⑥文の並べかえ　⑦空欄補充

「非言語問題」で出題される主なジャンルは次の通りです。

---

①四則計算　　②数式の定義＆計算　　③割合，比　　④料金の割引と分割払い
⑤損益算　　⑥鶴亀算　　⑦速さ・距離・時間　　⑧流水算，旅人算
⑨植木算　　⑩仕事算　　⑪食塩水の濃度　　⑫通過算
⑬年齢算，時計算　⑭場合の数　　⑮確率　　⑯集合
⑰1次関数，2次関数のグラフ　　⑱不等式と領域　　⑲推論
⑳数表の読み取り　　㉑図表の読み取り　　㉒約数・倍数，剰余系
㉓記数法　㉔ブラックボックス　㉕料金表の見方

プラス　上記のほかに，「フローチャート」「PERT法」「図形」も出題されます。

　上記の「能力検査」は，「言語問題」「非言語問題」とも問題自体比較的易しいものなので，これらの問題に慣れ，練習を積めば積むほど高得点を獲得できます。

　一方，「性格検査」は，受検生の人物像を行動的側面，意欲的側面，情緒的側面，社会関係的側面，職務適応性，組織適応性から分析し，自社の仕事内容や社風などにマッチしているかどうかを判断するものです。そのため，基本的には質問されたことに対し，「素直に，正直に答えるという姿勢」が大切だと思われます。

4 高卒採用のSPIはペーパーテスティング

　SPIの受検方式には，次の4つがあります。

○テストセンター……㈱リクルートマネジメントソリューションズが用意した会場に受検生が出向き，会場に設置されたパソコンでSPIを受検するものです。
○WEBテスティング……インターネットを使って，自宅のパソコンでSPIを受検するものです。
○インハウスCBT……志望する会社内のパソコンを使ってSPIを受検するものです。
○ペーパーテスティング……志望する企業や，志望する企業が用意した会場に出向き，マークシート方式によるペーパーテストを受けるものです。

ペーパーテスティング	能力検査：約70分 }約110分
	性格検査：約40分

注：ペーパーテスティングの能力検査においては，言語問題は約30分，非言語問題は約40分。

　上記の4つのうち，高卒採用で多くの会社が使用しているのは「ペーパーテスティング」です。よって，志望する企業に行けば「ペーパーテスティング」のSPIが実施される可能性が高いと考えてください。なお，本書は「ペーパーテスティング」で出題されるものを対象に作成したものです。

本書の利用法

◆本書に直接記入して，計算してみよう

　本書のP４とP５を開いてください。
　左ページに〈例題３〉，右ページに〈練習問題　四則計算①〉があります。

（左のページ）　　　　　　　　　　　　　　　（右のページ）

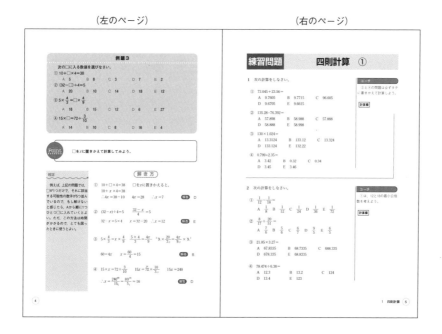

　注目してほしいのは，右のページにある〈練習問題　四則計算①〉です。
　P４とP５を開いたままで，右のページにある１の①の問題を解いてください。
　その際，別紙に，73.045＋23.56＝　などと記入して計算するのではなく，本書のP５

の〈計算欄〉に直接，$\begin{array}{r} 73.045 \\ 23.56 \\ \hline \end{array}$　というように記入して，計算してください。余白が小さ

いので，どこに書こうか迷った人も多いと思いますが，本番でも余白が小さいことが多々
あるので，辛抱して小さい字で記入し，計算してみてください。

　右のページに練習問題を配置したことで，かなりスムーズに本書に記入できたことと思
います。

◆練習問題を解いているとき，基本的に解答・解説は見えない

本書のP14とP15を開いてください。

（左のページ）　　　　　　　　　　　（右のページ）

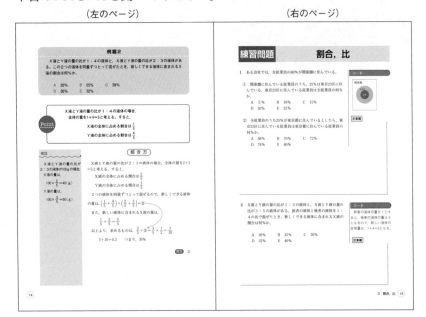

本書のP16とP17を開いてください。

（左のページ）　　　　　　　　　　　（右のページ）

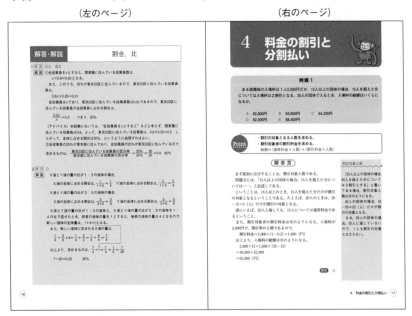

　　P15の「割合，比」の〈練習問題〉の〈解答・解説〉は，ページをめくったP16にあります。

　　〈練習問題〉を解いているとき，〈解答・解説〉は基本的に見えないので，落ち着いて問題に取り組むことができます。

PART1

非言語分野

1 四則計算

例題1

次の計算をしなさい。

① 3.53＋7.048＝

   A 11.368   B 10.578   C 12.568   D 10.878   E 11.768

② $\dfrac{2}{15} \times \dfrac{3}{8} =$

   A $\dfrac{1}{10}$ B $\dfrac{1}{40}$ C $\dfrac{2}{5}$ D $\dfrac{1}{5}$ E $\dfrac{1}{20}$

③ 300＋1,200÷60＝

   A 30   B 350   C 25   D 320   E 50

Point
四則計算のポイントは数多くの問題を解いてみることである。
"考えるより，慣れろ"もちろん，重要なテクニックなどについては
マスターしておかなくてはならない。

確認

16÷2×4＝

上記の問題の場合，16÷2＝8 を最初に計算する。次に，

16÷2×4＝8×4＝32 と計算する。

2×4＝8 を先に計算すると，

16÷2×4＝16÷8＝2 となってしまう。

解き方

① 小数点第2位，小数点第3位まである数字を計算する場合，右のように数字をタテに書き換えて計算することをおすすめする。

$$\begin{array}{r} 3.53 \\ +)\ 7.048 \\ \hline 10.578 \end{array}$$

 B

② 分数の掛け算の場合，最初，約分できないか，考えてみよう。大半は約分できるようになっている。

$$\frac{\overset{1}{2}}{\underset{5}{15}} \times \frac{\overset{1}{3}}{\underset{4}{8}} = \frac{1 \times 1}{5 \times 4} = \frac{1}{20}$$

 E

③ 同じ数式に，足し算と掛け算があった場合，掛け算の部分を先に計算し，その後で足し算を計算しなければならない。したがって，次のように処理する。

300＋1,200÷60＝300＋20＝320

解答 D

例題2

次の計算をしなさい。
① $5.08 \times 0.93 =$

    A 4.6244   B 4.7244   C 4.8244   D 46.244   E 47.244

② $84 \div (42 - 14) =$

    A 7   B 6   C 10   D 3   E 5

③ $\dfrac{10}{21} \div \dfrac{5}{7} =$

    A $\dfrac{2}{3}$ B $\dfrac{3}{4}$ C $\dfrac{1}{6}$ D $\dfrac{1}{8}$ E $\dfrac{2}{5}$

Point

計算の順序は，①（　　）内を計算する，②掛け算，割り算を計算する，③最後に足し算、引き算を計算する。そして，テクニックとしては，分数の割り算は掛け算に直して計算する。

解き方

① 小数点のある数字を掛け算する場合，数字をタテに書きかえて計算しないと，スムーズに計算できません。そして最後に小数点以下の数字をかぞえ，答えとなる数字に正確に小数点を付けましょう。

$$
\begin{array}{r}
5.08 \\
\times)\ 0.93 \\
\hline
15\ 24 \\
4\ 57\ 2 \\
\hline
4.72\ 44
\end{array}
$$

解答 B

② （　　）内を先に計算すると，$42 - 14 = 28$

$\therefore 84 \div (42 - 14) = 84 \div 28$
$= 3$

解答 D

③ 分数の割り算であるので，これを掛け算に直して計算する。割り算を掛け算に直すとき，分母と分子を入れ替えなくてはならない。

$$\frac{10}{21} \div \frac{5}{7} = \frac{\overset{2}{\cancel{10}}}{\underset{3}{\cancel{21}}} \times \frac{\overset{1}{\cancel{7}}}{\underset{1}{\cancel{5}}} = \frac{2 \times 1}{3 \times 1} = \frac{2}{3}$$

解答 A

確認

$5 \div 0.1 =$
上記の問題を計算する方法は2つある。1つは，

$$
\begin{array}{r}
5\ 0 \\
0.1)\overline{5.0} \\
5 \\
\hline
0
\end{array}
$$

もう1つは，

$5 \div 0.1$
$= 5 \div \dfrac{1}{10}$
$= 5 \times \dfrac{10}{1}$
$= 50$

例題3

次の□に入る数値を選びなさい。

① $10+\square\times4=38$

    A 5   B 8   C 3   D 7   E 2

② $(32-\square)\div4=5$

    A 20   B 10   C 14   D 18   E 12

③ $5\times\dfrac{4}{3}=\square\times\dfrac{4}{9}$

    A 18   B 15   C 12   D 6   E 27

④ $15\times\square=72\div\dfrac{3}{10}$

    A 14   B 10   C 8   D 16   E 4

Point

□をxに置きかえて計算してみよう。

確認

　例えば, 上記の問題では, □が1つだけで, それに該当する可能性の数字が5つ並んでいるので, もし解けないと感じたら, Aから順に1つひとつ□に入れていくとよい。ただ, この方法は時間がかかるので, とても困ったときに使うとよい。

解き方

① $10+\square\times4=38$　　□をxに置きかえると,

$10+x\times4=38$

$\therefore 4x=38-10$　　$4x=28$　　$\therefore x=7$　　　**解答** D

② $(32-x)\div4=5$　　$\dfrac{32-x}{4}=5$

$32-x=5\times4$　　$x=32-20$　　$\therefore x=12$　　**解答** E

③ $5\times\dfrac{4}{3}=x\times\dfrac{4}{9}$　　$\dfrac{5\times4}{3}=\dfrac{4x}{9}$　　$^3\cancel{9}\times\dfrac{20}{\cancel{3}_1}=\dfrac{4x}{\cancel{9}_1}\times\cancel{9}^1$

$60=4x$　　$x=\dfrac{60}{4}=15$　　　**解答** B

④ $15\times x=72\div\dfrac{3}{10}$　　$15x=\overset{24}{\cancel{72}}\times\dfrac{10}{\cancel{3}_1}$　　$15x=240$

$\therefore x=\dfrac{\overset{80}{\cancel{240}}}{\cancel{15}_5}=\dfrac{\overset{16}{\cancel{80}}}{\cancel{5}_1}=16$　　　**解答** D

四則計算 ①

1 次の計算をしなさい。

① 73.045＋23.56＝
　A　9.7605　　　B　9.7715　　　C　96.605
　D　9.6705　　　E　9.6615

② 135.28－76.392＝
　A　57.898　　　B　58.988　　　C　57.888
　D　58.888　　　E　58.998

③ 130×1.024＝
　A　13.3124　　B　133.12　　　C　13.324
　D　133.124　　E　132.22

④ 0.799÷2.35＝
　A　3.42　　　B　0.32　　　C　0.34
　D　3.45　　　E　3.46

コーチ

　③と④の問題は必ずタテに書きかえて計算しよう。

計算欄

---

2 次の計算をしなさい。

① $\dfrac{1}{12} - \dfrac{1}{18} =$
　A　$\dfrac{1}{8}$　B　$\dfrac{1}{12}$　C　$\dfrac{1}{24}$　D　$\dfrac{1}{36}$　E　$\dfrac{1}{72}$

② $\dfrac{8}{17} \div \dfrac{20}{51} =$
　A　$\dfrac{7}{6}$　B　$\dfrac{5}{6}$　C　$\dfrac{6}{7}$　D　$\dfrac{9}{5}$　E　$\dfrac{6}{5}$

③ 21.05×3.27＝
　A　67.8335　　B　68.7335　　　C　688.335
　D　678.335　　E　68.8335

④ 78.474÷6.38＝
　A　12.3　　　B　13.2　　　　C　124
　D　13.4　　　E　123

コーチ

　①は，12と18の最小公倍数を考えよう。

計算欄

⑤ $(1,205-869)\div42=$

A 6 B 8 C 9

D 12 E 10

⑥ $2,016\div(32\times3)=$

A 19 B 31 C 23

D 21 E 32

解答・解説　　　四則計算　①

1 解答 ①C ②D ③B ④C

解説 ①
```
    73.045
+)  23.56
―――――――
    96.605
```

②
```
   135.28
-)  76.392
―――――――
   58.888
```

③
```
       130
×)   1.024
―――――――
       520
      260
     1300
―――――――
   133.120
```

④
```
           0.34
2.35)0.79,9
         70 5
―――――――
          9 40
          9 40
―――――――
             0
```

2 解答 ①D ②E ③E ④A ⑤B ⑥D

解説 ①
$$\frac{1}{12}-\frac{1}{18}$$
$$=\frac{1\times3}{12\times3}-\frac{1\times2}{18\times2}$$
$$=\frac{3}{36}-\frac{2}{36}=\frac{1}{36}$$

②
$$\frac{8}{17}\div\frac{20}{51}$$
$$=\frac{\overset{2}{8}}{\underset{1}{17}}\times\frac{\overset{3}{51}}{\underset{5}{20}}$$
$$=\frac{2\times3}{1\times5}=\frac{6}{5}$$

③
```
       21.05
×)     3.27
―――――――
     1 47 35
    4 21 0
   63 15
―――――――
   68.83 35
```

④
```
            12.3
6.38)78.47,4
          63 8
―――――――
          14 67
          12 76
―――――――
           1 91 4
           1 91 4
―――――――
               0
```

⑤
```
     1,205
-)     869
―――――――
       336
```
```
        8
42)336
   336
―――――
     0
```

⑥
```
      32
×)     3
―――――
      96
```
```
        21
96)2,016
    1 92
―――――
      96
      96
―――――
       0
```

四則計算 ②

1 次の計算をしなさい。

コーチ

②の問題については次のことを覚えておこう。
$3^2=3\times3=9$
$(-4)^2=(-4)\times(-4)=16$

計算欄

① $\dfrac{19}{42}-\dfrac{3}{7}+\dfrac{5}{14}=$

  A $\dfrac{9}{14}$　B $\dfrac{10}{21}$　C $\dfrac{8}{21}$　D $\dfrac{1}{7}$　E $\dfrac{2}{7}$

② $30^2-(-25)^2=$

  A 275　B 325　C 63　D 185　E 545

③ $\left(-\dfrac{2}{5}\right)\div(-0.8)\times\dfrac{1}{6}=$

  A $\dfrac{1}{15}$　B $\dfrac{1}{20}$　C $\dfrac{1}{18}$　D $\dfrac{1}{16}$　E $\dfrac{1}{12}$

2 次の□に入る数値を選びなさい。

コーチ

①の問題については,
$8\dfrac{1}{2}=\dfrac{17}{2}$

計算欄

① $\square\times5+8\dfrac{1}{2}\times4=46$

  A 2.4　B 3.2　C 4.8　D 4.2　E 3.4

② $(16\times4)\div(16+\square)=\dfrac{8}{3}$

  A 14　B 12　C 8　D 10　E 16

③ $\dfrac{5}{2}\times\square=30\div\dfrac{3}{7}$

  A 36　B 28　C 24　D 42　E 30

④ $15\times\square\div0.4=45\times5$

  A 6　B 9　C 12　D 8　E 14

⑤ $(\square\times4-8)\times12=73+11\times13$

  A 8.2　B 4.8　C 5.4　D 6.5　E 7.4

1 解答 ①C ②A ③E

解説 ① $\dfrac{19}{42}-\dfrac{3}{7}+\dfrac{5}{14}=\dfrac{19}{42}-\dfrac{3\times6}{7\times6}+\dfrac{5\times3}{14\times3}=\dfrac{19-18+15}{42}$

$$=\dfrac{\cancel{16}^{8}}{\cancel{42}_{21}}=\dfrac{8}{21}$$

② $30^2-(-25)^2=30\times30-(-25)\times(-25)$

$$=900-625=275$$

③ $\left(-\dfrac{2}{5}\right)\div(-0.8)\times\dfrac{1}{6}=\left(-\dfrac{2}{5}\right)\div\left(-\dfrac{4}{5}\right)\times\dfrac{1}{6}$

$$=\left(-\dfrac{\cancel{2}^{1}}{\cancel{5}_{1}}\right)\times\left(-\dfrac{\cancel{5}^{1}}{\cancel{4}_{2}}\right)\times\dfrac{1}{6}=\dfrac{1\times1\times1}{1\times2\times6}=\dfrac{1}{12}$$

2 解答 ①A ②C ③B ④A ⑤D

解説 □を x に置きかえる。

① $x\times5+8\dfrac{1}{2}\times4=46$　　　$5x+\dfrac{17}{2}\times4=46$

$5x+34=46$　　$5x=46-34$　　$\therefore x=\dfrac{12}{5}=2.4$

② $(16\times4)\div(16+x)=\dfrac{8}{3}$　　　$\dfrac{64}{16+x}=\dfrac{8}{3}$

$64\times3=8(16+x)$　　　$192=128+8x$

$8x=192-128$　　$8x=64$　　$x=\dfrac{64}{8}=8$

③ $\dfrac{5}{2}\times x=30\div\dfrac{3}{7}$　　　$\dfrac{5x}{2}=30\times\dfrac{7}{3}$

$\dfrac{5x}{2}=70$　　$5x=70\times2$　　$x=\dfrac{140}{5}=28$

④ $15\times x\div0.4=45\times5$　　　$15x\div\dfrac{\cancel{4}^{2}}{10_{5}}=225$

$15x\times\dfrac{5}{2}=225$　　　$15x\times5=225\times2$　　　$x=\dfrac{450}{75}=6$

⑤ $(x\times4-8)\times12=73+11\times13$　　　$(4x-8)\times12=73+143$

$48x-96=216$　　$48x=216+96$　　　$x=\dfrac{\cancel{312}^{156}}{\cancel{48}_{24}}$

$$=\dfrac{\cancel{156}^{78}}{\cancel{24}_{12}}$$

$$=\dfrac{\cancel{78}^{39}}{\cancel{12}_{6}}$$

$$=\dfrac{39}{6}=6.5$$

2 数式の定義&計算

例題1

$x ◎ y = x + 2y + 10$ と定義すると，次の数値はいくらか。

① $6 ◎ 8 =$

A 26 B 28 C 30 D 36

E 32 F 40 G 42

② $(5 ◎ 2) ◎ 7 =$

A 72 B 43 C 61 D 52

E 78 F 40 G 63

Point

$x ◎ y$ と書いてあるけれど，$p ◎ q$ でもOK。$p ◎ q$ になると，
$x ◎ y = x + 2y + 10$ が，$p ◎ q = p + 2q + 10$ に変わります。
ポイントは，たとえば①の問題では，$6 ◎ 8$ と書いてあるので，
$\left.\begin{array}{c} x ◎ y \\ 6 ◎ 8 \end{array}\right\}$ から，$x = 6$，$y = 8$ と考えればよい。

解き方

① $x ◎ y$ と $6 ◎ 8$ から，
$x = 6$，$y = 8$ と考える。
$x ◎ y = x + 2y + 10$ と定義されているので，
$6 ◎ 8 = 6 + 2 × 8 + 10 = 6 + 16 + 10 = 32$

解答 E

② このタイプの問題は，先に（　　）内を計算する。
$5 ◎ 2 = 5 + 2 × 2 + 10 = 5 + 4 + 10 = 19$
∴ $(5 ◎ 2) ◎ 7 = 19 ◎ 7$
$= 19 + 2 × 7 + 10$
$= 19 + 14 + 10 = 43$

解答 B

確認

$x ◎ y = 5y - 2x - 3$
と定義されていて，
$11 ◎ 12$ の値を求める場合。
$x = 11$，$y = 12$ より，
$11 ◎ 12 = 5 × 12 - 2 × 11 - 3$
$= 60 - 22 - 3$
$= 38 - 3$
$= 35$

例題2

$x \square y = y \times 2x \div 2 - 8$ と定義すると，次の数値はいくらか。

① 9□12＝
A 100　　B 112　　C 104　　D 96
E 92　　F 88　　G 82

② 14□(8□5)＝
A 386　　B 320　　C 362　　D 464
E 532　　F 440　　G 506

 Point

◎から□に記号が変わっても，計算方法は同じである。
たとえば，①の問題では，$x \square y = y \times 2x \div 2 - 8$ と定義されて，
9□12を計算しなさいとなっているので，
$\left.\begin{array}{c} x \square y \\ 9 \square 12 \end{array}\right\}$ から，$x=9$，$y=12$ と考える。

確認

たとえば，
$x \square y = 3y \times 4x \div 2 - 50$
と定義されていたら，
9□12＝3×12×4×9
　　　÷2－50
　　＝36×36÷2－50
　　＝648－50
　　＝598
14□(8□5)については，
8□5＝3×5×4×8
　　　÷2－50
　　＝15×32÷2－50
　　＝240－50＝190
14□(8□5)＝14□190
＝3×190×4×14÷2－50
＝570×56÷2－50
＝15,960－50
＝15,910

解き方

① $x \square y$ と 9□12 から，$x=9$，$y=12$
　$x \square y = y \times 2x \div 2 - 8$ と定義されているので，
　9□12＝12×2×9÷2－8＝108－8
　　　　　　　　　　　　　　＝100

解答 A

② 先に（　）内から計算する。
　8□5＝5×2×8÷2－8＝40－8
　　　　　　　　　　　　＝32
　∴14□(8□5)＝14□32
　　　　　　　＝32×2×14÷2－8
　　　　　　　＝448－8
　　　　　　　＝440

解答 F

練習問題　数式の定義＆計算

1．$x ◎ y = -5x + xy + 3y$ と定義すると，次の数値はいくらか。

① $1 ◎ 11 =$
A　44　　B　36　　C　46　　D　39
E　40　　F　28　　G　25

② $8 ◎ 9 =$
A　48　　B　32　　C　43　　D　56
E　27　　F　37　　G　59

③ $13 ◎ 7 =$
A　34　　B　47　　C　39　　D　27
E　42　　F　35　　G　40

コーチ

確実に得点したい分野なので，計算間違いに注意しよう。

計算欄

2．$X ⊡ Y = 3X + 4Y - XY$ と定義すると，次の数値はいくらか。

① $3 ⊡ (5 ⊡ 6) =$
A　15　　B　25　　C　18　　D　23
E　24　　F　26　　G　19

② $(8 ⊡ 2) ⊡ 8 =$
A　48　　B　32　　　C　-64　　　D　64
E　-32　F　-48　　G　92

③ $10 ⊡ (4 ⊡ 7) =$
A　82　　B　-36　　C　64　　D　-42
E　-56　F　86　　　G　-66

コーチ

先に，（　　）内を計算する。

計算欄

1

① 解答 D

解説　x◎yと1◎11より，$x=1$，$y=11$
　　　x◎$y=-5x+xy+3y$と定義されているので，
　　　1◎11$=-5×1+1×11+3×11=-5+11+33=39$

② 解答 G

解説　x◎yと8◎9より，$x=8$，$y=9$
　　　8◎$y=-5×8+8×9+3×9=-40+72+27=59$

③ 解答 B

解説　x◎yと13◎7より，$x=13$，$y=7$
　　　13◎7$=-5×13+13×7+3×7=-65+91+21=47$

2

① 解答 C

解説　先に，（　　）内を計算する。
　　　X・Yと5・6より，X$=5$，Y$=6$　　X・Y$=3$X$+4$Y$-$XYと定義されているので，
　　　5・6$=3×5+4×6-5×6=15+24-30=9$
　　　∴3・（5・6）$=$3・9$=3×3+4×9-3×9=9+36-27=18$

② 解答 F

解説　先に，（　　）内を計算する。
　　　X・Yと8・2より，X$=8$，Y$=2$
　　　8・2$=3×8+4×2-8×2=24+8-16=16$
　　　∴（8・2）・8$=$16・8$=3×16+4×8-16×8=48+32-128=-48$

③ 解答 D

解説　先に，（　　）内を計算する。
　　　X・Yと4・7より，X$=4$，Y$=7$
　　　4・7$=3×4+4×7-4×7=12$
　　　∴10・（4・7）$=$10・12$=3×10+4×12-10×12=30+48-120=-42$

3　割合，比

例題1

ある高校では，全生徒の70％が学習塾に通っている。

① 学習塾に通っている者のうち，自転車で通っている者は30％である。自転車で学習塾に通っている者は全生徒の何％か。

　　A　16%　　　　B　18%　　　　C　21%
　　D　24%　　　　E　25%

② 学習塾に通っている者のうち，週２日以上学習塾に行く者は90％で，そのうち週３日学習塾に行く者は60％である。週３日学習塾に行く者は全生徒の何％か。

　　A　36.2%　　　B　37.8%　　　C　43.6%
　　D　45.4%　　　E　51.2%

Point　問題文の内容をよく理解すること。

① 全生徒数をxとおくと，学習塾に通っている者は，$x \times 0.7$
また，そのうち，自転車で通っている者は30％なので，
自転車で学習塾に通っている者は，$x \times 0.7 \times 0.3$

以上より，求めるものは，$\dfrac{x \times 0.7 \times 0.3}{x} = \dfrac{0.21x}{x} = 0.21$

つまり，21％　　　　　　　　　　　　解答　C

② 週２日以上学習塾に行く者は，$x \times 0.7 \times 0.9$
そのうち，週３日学習塾に行く者は，$x \times 0.7 \times 0.9 \times 0.6$
以上より，求めるものは，

$$\dfrac{x \times 0.7 \times 0.9 \times 0.6}{x} = \dfrac{0.378x}{x} = 0.378$$

つまり，37.8％　　　　　　　　　　　解答　B

割合とは

　割合とは，全体に対してそれが占める分量のことである。また一般に，割合を示すのに百分率（％）が使われる。

　0.1 →10%
　0.25→25%
　0.02→2%

例題2

　X液とY液の量の比が1：4の液体と，X液とY液の量の比が2：3の液体がある。この2つの液体を同量ずつとって混ぜたとき，新しくできる液体に含まれるX液の割合は何％か。

A　20%　　B　25%　　C　28%

D　30%　　E　32%

Point

X液とY液の量の比が1：4の液体の場合，

全体の量を1＋4＝5と考える。すると，

X液の全体に占める割合は $\frac{1}{5}$

Y液の全体に占める割合は $\frac{4}{5}$

確認

　X液とY液の量の比が2：3の液体が100gの場合，

X液の量は，

$100 \times \frac{2}{5} = 40(g)$

Y液の量は，

$100 \times \frac{3}{5} = 60(g)$

解き方

　X液とY液の量の比が2：3の液体の場合，全体の量を2＋3＝5と考える。すると，

X液の全体に占める割合は $\frac{2}{5}$

Y液の全体に占める割合は $\frac{3}{5}$

2つの液体を同量ずつとって混ぜるので，新しくできる液体の量は，$\left(\frac{1}{5} + \frac{4}{5}\right) + \left(\frac{2}{5} + \frac{3}{5}\right) = \boxed{2}$

また，新しい液体に含まれるX液の量は，

$\frac{1}{5} + \frac{2}{5} = \frac{3}{5}$

以上より，求めるものは，$\frac{3}{5} \div \boxed{2} = \frac{3}{5} \times \frac{1}{2} = \frac{3}{10}$

$3 \div 10 = 0.3$　　つまり，30%

 解答　D

練習問題 | 割合，比

1　ある会社では，全従業員の80％が関東圏に住んでいる。

①　関東圏に住んでいる従業員のうち，25％は東京23区に住んでいる。東京23区に住んでいる従業員は全従業員の何％か。

A	5 ％	B	10％	C	15％
D	20％	E	25％		

②　全従業員のうち25％が東京都に住んでいるとしたら，東京23区に住んでいる従業員は東京都に住んでいる従業員の何％か。

A	68％	B	70％	C	72％
D	76％	E	80％		

コーチ

関東圏

東京都

23区

計算欄

2　X液とY液の量の比が1：3の液体と，X液とY液の量の比が3：5の液体がある。前者の液体と後者の液体を1：4の比で混ぜたとき，新しくできる液体に含まれるX液の割合は何％か。

A	20％	B	25％	C	30％
D	35％	E	40％		

コーチ

　前者の液体の量を1とすると，後者の液体の量は4となるので，新しい液体の全体量は，1＋4＝5となる。

計算欄

1 解答 ①D　②E

解 説 ①全従業員をxとすると，関東圏に住んでいる従業員数は，

$x \times 0.8 = 0.8x$ となる。

また，このうち，25%が東京23区に住んでいるので，東京23区に住んでいる従業員数は，

$0.8x \times 0.25 = 0.2x$

全従業員はxであり，東京23区に住んでいる従業員数は$0.2x$であるので，東京23区に住んでいる従業員の全従業員に占める割合は，

$\dfrac{0.2x}{x} = 0.2$　　つまり，20%

〈アドバイス〉本試験においては，"全従業員をxとすると"などと考えず，関東圏に住んでいる従業員は0.8。よって，東京23区に住んでいる従業員は，$0.8 \times 0.25 = 0.2$　したがって，全体に占める割合は20%，というように処理すればよい。

②全従業員の25%が東京都に住んでおり，全従業員の20%が東京23区に住んでいるので，

求めるものは，$\dfrac{\text{東京23区に住んでいる従業員の百分率}}{\text{東京都に住んでいる従業員の百分率}} = \dfrac{20\%}{25\%} = \dfrac{20}{25} = 0.8$　80%

2 解答 D

解 説 　X液とY液の量の比が1：3の液体の場合，

X液の全体に占める割合は，$\dfrac{1}{1+3} = \dfrac{1}{4}$　Y液の全体に占める割合は，$\dfrac{3}{1+3} = \dfrac{3}{4}$

X液とY液の量の比が3：5の液体の場合，

X液の全体に占める割合は，$\dfrac{3}{3+5} = \dfrac{3}{8}$　Y液の全体に占める割合は，$\dfrac{5}{3+5} = \dfrac{5}{8}$

X液とY液の量の比が1：3の液体と，X液とY液の量の比が3：5の液体を1：4の比で混ぜたとき，前者の液体の量を1とすると，後者の液体の量は4となるので，新しい液体の全体量は，$1+4=5$となる。

また，新しい液体に含まれるX液の量は，

$\dfrac{1}{4} + \dfrac{3}{8} \times 4 = \dfrac{1}{4} + \dfrac{3}{2} = \dfrac{1}{4} + \dfrac{6}{4} = \dfrac{7}{4}$

以上より，求めるものは，$\dfrac{7}{4} \div 5 = \dfrac{7}{4} \times \dfrac{1}{5} = \dfrac{7}{20}$

$7 \div 20 = 0.35$　　　35%

4 料金の割引と分割払い

例題 1

　ある遊園地の入場料は1人2,000円だが，15人以上の団体の場合，15人を超えた分については入場料は2割引となる。35人の団体で入るとき，入場料の総額はいくらになるか。

A　62,800円　　　B　63,600円　　　C　64,200円
D　62,000円　　　E　68,400円

Point
　・割引の対象となる人数を求める。
　・割引対象者の割引料金を求める。
　　総額＝（通常料金×人数）＋（割引料金×人数）

解き方

　まず最初に注目することは，割引対象人数である。

　問題文には，「15人以上の団体の場合，15人を超えた分については……」と記述してある。

　ということは，16人以上のとき，15人を超えた分だけが割引の対象となるということである。たとえば，20人のときは，20－15＝5（人）だけが割引の対象となる。

　逆にいえば，20人入場しても，15人については通常料金であるということ。

　また，割引対象者の割引料金は次のようになる。入場料が2,000円で，割引率が2割であるので，

　　割引料金＝2,000×（1−0.2）＝1,600（円）

以上より，入場料の総額は次のようになる。

　　2,000×15＋1,600×（35−15）
　＝30,000＋32,000
　＝62,000（円）

解答　D

割引対象人数

　「30人以上の団体の場合，20人を超えた分については3割引とする」と書いてある場合，割引対象人数は次のようになる。

　42人の団体の場合，42−20＝22（人）だけが割引の対象となる。

　なお，29人の団体の場合，30人に達していないので，1人も割引の対象とはならない。

例題2

新車を購入した。支払いは10回に分けて行うことにし、申込時に総額の $\frac{1}{6}$ を支払い、2回目以降は残額を均等に支払うことになった。このとき、2回目の支払い額は総額のどれだけにあたるか。なお、分割払いの手数料などはまったくかからないものとする。

A $\frac{1}{13}$ B $\frac{2}{15}$ C $\frac{3}{17}$ D $\frac{4}{45}$ E $\frac{5}{54}$

Point

・支払総額を1とする。

・1回目に総額の $\frac{1}{3}$ を支払った場合、残りは $\frac{2}{3}$ となる。

・残りの $\frac{2}{3}$ を3回で均等払いした場合、

　各1回の支払い額は、$\frac{2}{3} \div 3 = \frac{2}{3} \times \frac{1}{3} = \frac{2}{9}$ となる。

確認すること

分割払いの問題では、購入金額のほかに、支払い回数がポイントとなるので、まずそれを確認すること。

そして、1回目はいつ払うのか、それとも払ったのか。2回目以降は均等払いになることが多い。

解 き 方

支払総額を1とする。申込時（1回目）に総額の $\frac{1}{6}$ を支払ったので、残りは、$1 - \frac{1}{6} = \frac{5}{6}$

支払い回数は10回。すでに1回支払ったので、残りは9回。残額 $\frac{5}{6}$ を9回均等払いすると、

1回の支払い額は、$\frac{5}{6} \div 9 = \frac{5}{6} \times \frac{1}{9} = \frac{5}{54}$

したがって、2回目の支払い額は、$\frac{5}{54}$

なお、3〜10回目の支払い額もそれぞれ、$\frac{5}{54}$

 解答 E

料金の割引と分割払い

1　ある映画館では，大学生の正規料金は一般人の正規料金の8割となっている。また，大学生は10人を超える分について正規料金の2割引，一般人は8人を超える分について正規料金の1割引となる団体割引が適用される。

コーチ

　大学生については11人目から，一般人については9人目からが割引の対象となる。

計算欄

①　一般人の正規料金が2,000円のとき，大学生20人が映画館に行った場合，総額の料金はいくらになるか。
　　A　27,600円　　　B　28,800円　　　C　29,400円
　　D　30,200円　　　E　31,400円

②　一般人の正規料金が2,200円のとき，大学生が12人，一般人12人が一緒に映画館に行った場合，総額の料金はいくらになるか。
　　A　53,206円　　　B　39,480円　　　C　45,936円
　　D　47,872円　　　E　56,020円

2　新型のエアコンを購入することにした。購入時に頭金をいくらか払い，残額を8回の均等払いとしたい。なお，分割払いの手数料などはまったくかからない。

コーチ

　頭金を支払った後の，残額を8回の均等払いとする。

計算欄

①　頭金として購入総額の$\frac{1}{17}$を支払った場合，分割払いの1回の支払い額はいくらになるか。

　　A　$\frac{3}{16}$　　　B　$\frac{2}{17}$　　　C　$\frac{3}{17}$
　　D　$\frac{3}{34}$　　　E　$\frac{5}{34}$

② 分割払いの1回の支払い額を購入総額の$\frac{1}{10}$としたいとき，頭金は購入総額のいくら払えばよいか。

A $\frac{1}{5}$ 　　B $\frac{1}{6}$ 　　C $\frac{1}{7}$

D $\frac{1}{8}$ 　　E $\frac{1}{9}$

解答・解説　　料金の割引と分割払い

1 | 解答 | ①B　②C

| 解説 | ①大学生の正規料金は一般人の8割なので，$2{,}000 \times 0.8 = 1{,}600$（円）
よって，$1{,}600 \times 10 + 1{,}600 \times (1-0.2) \times 10 = 16{,}000 + 12{,}800 = 28{,}800$
②大学生と一般人に分けて計算する。
　大学生の場合，$2{,}200 \times 0.8 \times 10 + 2{,}200 \times 0.8 \times (1-0.2) \times 2 = 17{,}600 + 1{,}760 \times 0.8 \times 2$
$= 17{,}600 + 2{,}816 = 20{,}416$（円）
　一般人の場合，$2{,}200 \times 8 + 2{,}200 \times (1-0.1) \times 4 = 17{,}600 + 7{,}920 = 25{,}520$
　以上より，$20{,}416 + 25{,}520 = 45{,}936$（円）

2 | 解答 | ①B　②A

| 解説 | ①購入総額を1とすると，$1 - \frac{1}{17} = \frac{16}{17}$

　残額を8回の均等払いとするので，$\frac{16}{17} \div 8 = \frac{16}{17} \times \frac{1}{8} = \frac{2}{17}$

②頭金をxとすると，次式が成立する。$(1-x) \div 8 = \frac{1}{10}$　　　$(1-x) \times \frac{1}{8} = \frac{1}{10}$

　　$5 \times (1-x) = 4$　　$5 - 5x = 4$　　$5x = 1$　　$x = \frac{1}{5}$

5 損 益 算

例題1

原価1,000円の商品に，50%増しの定価をつけた。しかし，売れないので，定価の20%引きで売ることにした。このとき，原価の何%増しで売ることになるか。

A 5% B 10% C 15%

D 20% E 25%

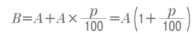

Point

原価A円で，そのp%の利益を見込んで，定価をB円とした場合，

$$B=A+A\times\frac{p}{100}=A\left(1+\frac{p}{100}\right)$$

定価B円で，そのq%引きで，売価をC円とした場合，

$$C=B-B\times\frac{q}{100}=B\left(1-\frac{q}{100}\right)$$

解 き 方

原価1,000円の商品に，50%増しの定価をつけると，

$$定価=1,000\times\left(1+\frac{50}{100}\right)=1,000\times1.5=1,500（円）$$

定価1,500円の商品を20%引きで売ると，

$$売価=1,500\times\left(1-\frac{20}{100}\right)=1,500\times0.8=1,200（円）$$

原価が1,000円で，売価が1,200円なので

$$\frac{売価}{原価}=\frac{1,200}{1,000}=1.2$$

つまり，原価の20%増しとなる。

解答 D

確認

1%$=\frac{1}{100}$

1割$=10\%=\frac{1}{10}$

10割$=100\%=\frac{1}{1}=1$

3%を分数で表すと，

$$\frac{3}{100}$$

3割を分数で表すと，

$$\frac{30}{100}=\frac{3}{10}$$

例題2

定価が1,600円の商品を３割引きで販売しても，原価の４割の利益を得ることができる。このとき，原価はいくらか。

A　600円　　　B　680円　　　C　800円
D　840円　　　E　860円

> **Point**
>
> 原価A円で，そのp割の利益を見込んで，定価をB円とした場合，
>
> $$B = A + A \times \frac{p}{10} = A\left(1 + \frac{p}{10}\right)$$
>
> この定価B円をq割引きで売っても，原価のr割の利益があがるようにするためには，次式が成立する必要がある。
>
> $$B \times \left(1 - \frac{q}{10}\right) = A \times \left(1 + \frac{r}{10}\right)$$

原価と定価の関係

　原価とは，他社から商品を購入した際の価格のことで，仕入原価ともいう。

　各社とももうけることを目的に企業活動をしており，原価に何らかの上乗せをすることで利潤を得ている。

　原価＋上乗せ分(利潤)
＝定価

　しかし，定価で販売していて売れ行きが悪い場合，各社とも値引きを行うことになる。

解き方

　定価1,600円の商品を３割引きで販売した場合，そのときの売価は次のように表すことができる。

$$売価 = 1,600 \times \left(1 - \frac{3}{10}\right) = 1,600 \times 0.7 = 1,120(円)$$

　そして，この売価で販売しても，実際は原価の４割の利益が得られるわけだから，この売価と原価との関係は次のように表すことができる。

$$売価 = 原価 \times \left(1 + \frac{4}{10}\right)$$

$$売価 = 1,120 \,(円) \,であるので，$$

$$1,120 = 原価 \times \left(1 + \frac{4}{10}\right)$$

$$1,120 = 原価 \times 1.4$$

$$原価 = \frac{1,120}{1.4} = 800(円)$$

 解答　C

損 益 算

1　ある商品に原価の4割の利益を見込んで定価をつけたところ，売れなかったので，定価を600円安くして売った。この結果，原価に対して2割の損となった。この商品の原価はいくらか。

  A 800円   B 1,000円   C 1,200円
  D 1,400円 E 1,600円

> **コーチ**
>
> 原価に対して2割の損とは，原価の8割で売ったということ。

計算欄

2　ある商品を，定価の4割引きで売っても，原価の5割の利益が出るように，定価を設定した。原価が1,800円のとき，定価はいくらになるか。

  A 3,600円   B 3,800円   C 4,000円
  D 4,200円 E 4,500円

> **コーチ**
>
> 定価の6割と，原価の5割増しとが同じ額ということ。

計算欄

解答・解説　　　　　　　損　益　算

1 解答　B

解説　原価の4割の利益を見込んで定価をつけたので, 原価と定価との関係は次のようになる。

定価＝原価×(1＋利益率)

原価をx(円)とすると, 利益率は4割なので,

定価＝$x \times (1+0.4) = 1.4x$

しかし, 売れないため, 定価を600円安くしたので,

実際の売価＝$1.4x - 600$

また, 原価に対して2割の損が発生したので,

$$1.4x - 600 = x \times (1-0.2)$$
$$1.4x - 600 = 0.8x$$
$$0.6x = 600$$
$$x = 1,000 \ (円)$$

2 解答　E

解説　〈例題2〉の Point で示したように, 定価A円をa割引きで売っても, 原価B円のb割の利益があがる場合, 次式が成立する。

$$A \times \left(1 - \frac{a}{10}\right) = B \times \left(1 + \frac{b}{10}\right)$$

本問では, $a=4$, $B=1,800$, $b=5$であるので, これらの数字をそのまま上の式にあてはめると,

$$A \times \left(1 - \frac{4}{10}\right) = 1,800 \times \left(1 + \frac{5}{10}\right)$$
$$0.6A = 1,800 \times 1.5$$
$$0.6A = 2,700$$
$$A = 4,500 \ (円)$$

6 鶴 亀 算

例題 1

鶴と亀が合わせて16匹いて，足の数は合わせて50本ある。このとき，鶴は何匹いるか。

| A | 6匹 | B | 7匹 | C | 8匹 |
| D | 9匹 | E | 10匹 | | |

Point
・鶴と亀の合計が16匹の場合，
　16匹全部が鶴or亀と考える。
・鶴と考えた場合，鶴の足は2本
　なので，2×16＝32（本）
・亀と考えた場合，亀の足は4本
　なので，4×16＝64（本）

解 き 方

16匹全部が亀と考えた場合，
亀の足は4本なので，4×16＝64（本）
　しかし，実際の足の数は50本なので，
　64−50＝14（本）多いことになる。
　亀の足の数は鶴の足の数より　4−2＝2（本）多いので，16匹全部を亀として計算すると，実際の足の数より，2(本)×鶴の頭数分だけ多くなる。
　したがって，鶴の頭数は，14÷2＝7（匹）
　また，鶴と亀の合計が16匹であるので，
　　亀の頭数は，16−7＝9匹

解答 B

別解

　16匹全部が鶴と考えた場合，鶴の足は2本なので，2×16＝32(本)
　実際の足の数は50(本)なので，50−32＝18(本)少ないことになる。つまり，16匹全部を鶴として計算すると，実際の足の数より，2(本)×亀の頭数分だけ少なくなる。したがって，亀の頭数は，18÷2＝9(匹)

アドバイス

　このタイプの問題を解く際，全部を鶴としてまず計算するのか，全部を亀としてまず計算するのか，前もって決めておく方がよい。鶴で計算したり，亀で計算したりするのではなく，"最初は鶴"と決めたら，すべての問題をそうして解くとよい。その方が間違いが生じない。

例題2

1枚800円のタオルと1枚1,600円のハンカチをあわせて12枚買い，合計の代金を12,000円にしたい。このとき，タオルは何枚買えばよいか。

A 5枚   B 6枚   C 7枚
D 8枚   E 9枚

Point

わからないものをx，あるいはyとおいてみよう。
本問の場合，求められているのはタオルを買う枚数なので，タオルの枚数をx（枚）としてみよう。
xを使うのが嫌いな人はyでもOK。

> 好きな文字
> を使う
> x or y

アドバイス

使用する文字は好きな文字を選べばよい。しかし，使用する文字の数はできるだけ少ない方がよい。つまり，3つより2つ，2つより1つの方がよい。

本問の場合，使用する文字を2つから1つに減らすことで問題が解けることになる。

ただし，使用する文字はそれ以上減らせないこともあるので，そこはシッカリ覚えておこう。

解き方

タオルを買う枚数をx（枚）とすると，
　タオルの代金は，$800x$（円）となる。
一方，ハンカチを買う枚数をy（枚）とする。
ここで重要なことは，タオルとハンカチをあわせて12枚買うので，ハンカチの枚数は，$x+y=12$より，$y=12-x$　となること。
したがって，ハンカチの代金は，
　$1{,}600\times(12-x)=1{,}600(12-x)$（円）

以上より，次式が成立する。
　タオルの代金＋ハンカチの代金＝12,000
$$800x+1{,}600(12-x)=12{,}000$$
$$800x+19{,}200-1{,}600x=12{,}000$$
$$1{,}600x-800x=19{,}200-12{,}000$$
$$800x=7{,}200 \qquad x=9$$

解答 E

（別解）12枚全部ハンカチを買ったとすると，
$$12\times1{,}600=19{,}200（円）$$
$$19{,}200-12{,}000=7{,}200（円）$$
$$1{,}600-800=800（円）$$
$$7{,}200\div800=9$$
　　　つまり，タオルを9枚買えばよい。

練習問題　鶴亀算①

1　鶴と亀が合わせて31匹いて，足の数は合計で96本ある。このとき，亀は何匹いるか。

A　15匹　　　B　16匹　　　C　17匹
D　18匹　　　E　19匹

コーチ

"31匹全部が鶴" あるいは "31匹全部が亀" であると考えてみる。

計算欄

2　デパートで，1個300円のチョコレートと1個500円のケーキを合わせて18個買い，合計の代金は7,400円であった。このとき，ケーキは何個買ったことになるか。

A　7個　　　B　8個　　　C　9個
D　10個　　　E　11個

コーチ

18個全部がケーキである，と考えてみよう。もちろん，チョコレートでもOK。

計算欄

3　10円硬貨，50円硬貨，100円硬貨が合計22枚あり，その総額は1,220円である。10円硬貨と50円硬貨の枚数が同じであるとき，50円硬貨は何枚あるか。

A　5枚　　　B　6枚　　　C　7枚
D　8枚　　　E　9枚

コーチ

"10円硬貨と50円硬貨の枚数が同じ" に注目しよう。

計算欄

1 解答 C

解説 31匹全部が亀であると考えると，4×31＝124（本）

しかし，実際の足の数は96本であるので，

124－96＝28（本）多いことになる。

したがって，鶴の頭数は，28÷（4－2）＝14（匹）

亀の足の数 — 鶴の足の数

以上より，亀の頭数は，31－14＝17（匹）

2 解答 D

解説 18個全部ケーキを買ったとすると，

その代金は，500×18＝9,000（円）となる。

しかし，実際の代金は7,400（円）であったので，

9,000－7,400＝1,600（円）多いことになる。

したがって，チョコレートを買った個数は，

1,600÷（500－300）＝8（個）

ケーキの価格 — チョコレートの価格

以上より，ケーキを買った個数は，18－8＝10（個）

3 解答 C

解説 22枚が全部100円硬貨であるとすると，100×22＝2,200（円）

しかし，実際の総額は1,220円であるので，

2,200－1,220＝980（円）多いことになる。

また，10円硬貨と50円硬貨の枚数が同じであることから，

（10＋50）÷2＝30（円）

つまり，100円硬貨以外は，30円硬貨であると考えてみる。

すると，980÷（100－30）＝980÷70＝14

つまり，30円硬貨は14枚あることになる。

以上より，14÷2＝7（枚）

50円硬貨は7枚ある。

練習問題　　　　鶴　亀　算　②

1　1個1,800円の羊かんと1個500円の最中を合わせて15個買い，それに箱代が100円，送料が850円かかったため，合計代金は14,950円になった。このとき，最中は何個買ったか。

A	6個	B	7個	C	8個
D	9個	E	10個			

計算欄

2　ある店のパートタイマーの時給は900円である。ただし，土・日に働いた場合，時給は2割増しとなる。甲さんがこの店で1か月に96時間働き，89,280円の給料をもらった。このとき，甲さんは土・日に何時間働いたことになるか。

コーチ

鶴亀算にあてはめると，
・鶴の足（2本）にあたるのがウィークデイの時給900円
・亀の足（4本）にあたるのが土・日の時給
・鶴と亀の合計頭数にあたるのが96時間
・鶴と亀の合計の足にあたるのが89,280円

A	16時間	B	17時間	C	18時間
D	19時間	E	20時間			

計算欄

解答・解説　　　鶴　亀　算　②

1 解答 E

解説　合計代金が14,950円で，そのうち箱代が100円，送料が850円であるので，まず，これらを差し引く必要がある。

$$14{,}950-100-850=14{,}000 （円）$$

次に，1個1,800円の羊かんと，1個500円の最中を合わせて15個買ったので，15個すべて羊かんを買ったものと考える。

$$15\times1{,}800=27{,}000 （円）$$

しかし，実際の代金は14,000円であるので，

$$27{,}000-14{,}000=13{,}000 （円）多いことになる。$$

したがって，最中を買った個数は，

$$13{,}000\div(1{,}800-500)=10 （個）$$

$\underset{\text{羊かんの価格}}{\uparrow}\quad\underset{\text{最中の価格}}{\uparrow}$

2 解答 A

解説　パートタイマーの時給が900円で，土・日働いた場合，時給は2割増しとなるので，土・日の時給は，

$$900\times1.2=1{,}080 （円）$$

甲さんは1か月で96時間働いたので，すべて時給900円で働いたと考えると，

$$900\times96=86{,}400 （円）$$

しかし，実際に受け取った給料は89,280（円）であるので，

$$89{,}280-86{,}400=2{,}880 （円）$$

この2,880（円）は土・日に働いたときの，時給の2割増しの分であるので，1,080−900=180（円）で割ると，

$$2{,}880\div180=16 （時間）$$

したがって，甲さんは土・日に16時間働いたことになる。

7 速さ・距離・時間

例題1

地点Xから地点Yまでの距離は10kmである。地点Xから地点Yまで，P君が自転車で，S君が徒歩で行くとすると，2人が同時に地点Xを出発した場合，S君はP君より何時間後に地点Yに到着することになるか。ただし，自転車の速さは時速20km，徒歩は時速4kmである。

A　1時間後　　B　1時間半後　　C　2時間後
D　2時間半後　　E　3時間後

Point

$$時間 = \frac{距離}{速さ} \qquad 距離 = 速さ \times 時間 \qquad 速さ = \frac{距離}{時間}$$

P君とS君の所要時間をT_1，T_2などとおく。
速さは「時速〜km」，「分速〜m」などと表される。

解き方

P君が地点Xから地点Yまでに行くのにかかる時間をT_1，S君が地点Xから地点Yまでに行くのにかかる時間をT_2とおいてみる。

すると，P君の場合，$T_1 = \dfrac{\overset{\text{距離}}{10}}{\underset{\text{速さ}}{20}} = 0.5$（時間）

一方，S君の場合，$T_2 = \dfrac{10}{4} = 2.5$（時間）

求めるものは，S君がP君より何時間後に地点Yに到着するかである。これは，$T_2 - T_1$より求めることができる。
したがって，$T_2 - T_1 = 2.5 - 0.5 = 2.0$（時間）
つまり，2時間後となる。

解答　C

アドバイス

ここでは，P君の所要時間をT_1，S君の所要時間をT_2としたが，T_1，T_2の代わりにt_1，t_2を使ってもよい。また，T_1，T_2の代わりにx，yを使ってもよい。

どうしても文字を使いたくなかったら，〇，△でもよい。要は，あくまでも便宜上のものなので，自分がわかるものならよい。

例題2

　地点Xから地点Yへ行くのに，時速20kmの自転車で行くと，時速8kmの早足で行くより，1時間半はやく着く。このとき，地点Xから地点Yまで，早足では何時間かかるか。

A　1時間30分　　B　1時間40分　　C　2時間

D　2時間20分　　E　2時間30分

Point

　地点Xから地点Yまでの距離をx（km）とする。

　これにより，自転車の所要時間は，$\dfrac{x}{20}$

　早足の所要時間は，$\dfrac{x}{8}$

確認

　"1時間半"ではなく，"30分"はやく着く場合，次式が成立する。

$$\dfrac{x}{8}-\dfrac{x}{20}=\dfrac{1}{2}$$

　"30分"ではなく，"40分"はやく着く場合，次式が成立する。

$$\dfrac{x}{8}-\dfrac{x}{20}=\dfrac{40}{60}$$

$$\dfrac{x}{8}-\dfrac{x}{20}=\dfrac{2}{3}$$

解き方

　自転車で行く方が早足で行くより1時間半はやく地点Yに着くので，次式が成立する。

$$\dfrac{x}{8}-\dfrac{x}{20}=1\dfrac{1}{2}$$

両辺に20をかけると

$$\dfrac{x}{8}\times20-\dfrac{x}{20}\times20=\dfrac{3}{2}\times20$$

$$2.5x-x=30$$

$$1.5x=30$$

$$x=20$$

　地点Xから地点Yまでの距離が20kmで，早足の速さが時速8kmであるので，

早足での所要時間は$\dfrac{20}{8}=2.5$（時間）

0.5時間を分に直すと，0.5×60（分）$=30$（分）

　したがって，早足での所要時間は2時間30分となる。

解答　E

練習問題 速さ・距離・時間

1　Y君は自転車で21km離れた地点へ毎時14kmで行き，直ちに引き返して毎時7kmで帰ってきた。このとき，往路，復路を通じての速さは時速約何kmか。

> **コーチ**
> 往路と復路の距離は同じである。

> 計算欄

　　A　7.8km／時　　　B　8.2km／時　　　C　8.6km／時
　　D　9.0km／時　　　E　9.3km／時

2　X地点とY地点の間に勾配の等しい20kmの上り坂と，30kmの下り坂がある。この間を上りは毎時2km，下りは毎時6kmで，他の所はある一定の速さで歩く場合，往復の時間差はいくらになるか。

> **コーチ**
> 上り坂と下り坂の勾配は同じである。また，往路と復路とは，上り坂と下り坂の距離が異なる。

> 計算欄

　　A　3時間　　　　B　3時間10分　　　C　3時間20分
　　D　3時間30分　　E　3時間40分

解答・解説	速さ・距離・時間

1 解答 E

解説 時間＝$\dfrac{距離}{速さ}$

よって，往路に要した時間は，$\dfrac{21}{14}=\dfrac{3}{2}$（時間）

一方，復路に要した時間は，$\dfrac{21}{7}=3$（時間）

したがって，往復に要した時間は，$\dfrac{3}{2}+3=\dfrac{3}{2}+\dfrac{6}{2}=\dfrac{9}{2}$（時間）

往復の距離は，$21+21=42$（km）

以上より，往復を通じての速さは，$42\div\dfrac{9}{2}=\overset{14}{42}\times\dfrac{2}{\underset{3}{9}}=\dfrac{28}{3}=9.\dot{3}$

2 解答 C

解説 往復の時間差は坂の部分でのみ生じるので，坂の部分に費やす時間を計算すればよい。
往路の場合，上り坂の距離は20km，下り坂の距離は30kmであるので，往路の坂の部分に費やす時間は，

$$\dfrac{20}{2}+\dfrac{30}{6}=10+5=15（時間）$$

一方，復路の場合，上り坂の距離は30km，下り坂の距離は20kmであるので，復路の坂の部分に費やす時間は，

$$\dfrac{30}{2}+\dfrac{20}{6}=15+\dfrac{10}{3}=15+3\dfrac{1}{3}=18\dfrac{1}{3}（時間）$$

以上より，$18\dfrac{1}{3}-15=3\dfrac{1}{3}$（時間）　　　3時間20分

8 流水算，旅人算

例題1

X地点の下流にY地点があり，XY間は48kmである。また，川の流速は2km／時である。静水を毎時30km／時で走るボートで，X地点からY地点へ行くのに何時間かかるか。

A　1時間20分　　B　1時間30分　　C　1時間40分
D　1時間45分　　E　1時間50分

Point　流れのあるもの（流水など）の上を運動するとき，
　　　　上るときの速さ＝静水上の速さ－流れの速さ
　　　　下るときの速さ＝静水上の速さ＋流れの速さ

解き方

X地点が上流，Y地点が下流にあるので，「X地点からY地点へ行く」ということは，川を下ることになる。
　　下るときの速さ＝静水上の速さ＋流れの速さ
　　　静水上の速さ＝30km／時
　　　流れの速さ＝2km／時
したがって，下るときの速さ＝30＋2＝32（km／時）

XY間の距離は48kmであるので，X地点からY地点へ行くのに要する時間は，

$$\underset{距離}{\overset{\longrightarrow}{\frac{48}{32}}}=1\frac{16}{32}=1\frac{1}{2}（時間）$$

（下るときの速さ）

$$\frac{1}{2}\times60（分）＝30（分）$$

$$1\frac{1}{2}時間→1時間30分$$

解答　B

確認

　流水算とは，一定の速さで流れている川をボートなどで上ったり，下ったりするときの時間などを求める問題のこと。
　ここでのカギは，上りと下りの速さが川の流速により異なること。したがって，流水算を解く場合，まずは川の流速に注目することである。

例題2

1周20kmのサイクリングコースがある。P君とQ君の2人が反対方向に自転車をこぐと20分ごとに出会い、同じ方向に自転車を走らせると1時間40分ごとにP君がQ君を追い越す。このとき、P君の速さはいくらか。

A 20km／時　　B 24km／時　　C 30km／時

D 36km／時　　E 40km／時

Point

速さの異なるもの（人など）が運動するとき、

・P、Qの2人の進行方向が同じ場合、

　PQ間の距離＝（Pの速さ－Qの速さ）×時間

・P、Qの2人の進行方向が反対の場合、

　PQ間の距離＝（Pの速さ＋Qの速さ）×時間

確認

　旅人算とは、2人が出会う場合、あるいは一方の人が他方の人を追いかける場合などを扱った問題のことをいう。

　流水算と同様、旅人算においても速さが問題を解くときのカギとなる。2人のそれぞれの速さを加算するのか、それとも減算するのかがポイントである。

解き方

Pの速さを p （km／時）、Qの速さを q （km／時）とする。

反対方向の場合、$(p+q) \times \dfrac{20}{60} = 20$ ………(1)

同じ方向の場合、$(p-q) \times 1\dfrac{40}{60} = 20$ ……(2)

(1)の両辺に60をかけると、

$$(p+q) \times 20 = 1,200$$
$$20p + 20q = 1,200 \cdots\cdots(1)'$$

(2)の両辺に60をかけると、

$$(p-q) \times 100 = 1,200$$
$$100p - 100q = 1,200 \cdots\cdots(2)'$$

(1)′×5＋(2)′

$$100p + 100q = 6,000$$
$$\underline{+)\quad 100p - 100q = 1,200}$$
$$200p \qquad = 7,200$$
$$p = 36 \qquad なお、q = 24$$

解答 D

36

練習問題　流水算，旅人算

1　下流のP点から上流のQ点までボートをこいで行くことにした。P点からQ点までは6kmあるが，1分間ボートをこいで1.2km進んだ後，1分間休むので0.3km流し戻されることになる。このように進んで行くとすると，Q点に着くのはP点を出発してから何分後か。

　　　A　6分後　　　　B　8分30秒後　　　C　10分後
　　　D　11分後　　　E　12分30秒後

コーチ

　問題文の内容がわかれば，容易に解ける。

計算欄

2　1周20kmのサイクリングコースがある。これを1周するのにP君は30分，Q君は48分かかる。P君とQ君がある点から，同時に同じ方向に自転車を走らせたとき，P君がQ君を追い越すのは何時間後か。

　　　A　1時間後　　　B　1時間10分後　　　C　1時間15分後
　　　D　1時間20分後　　　E　1時間30分後

コーチ

　与えられた条件から，P君とQ君のそれぞれの速さをまず求めよう。

計算欄

1 解答 E

解説　「1分間ボートをこいで1.2km進んだ後，1分間休むので0.3km流し戻される」ということなので，結局，2分間で0.9km(1.2−0.3＝0.9)しか進まないことになる。

これを6回繰り返すとすると，0.9×6＝5.4（km）進むことになる。つまり，6×2＝12（分）で，5.4km進むことになる。

P～Q間は6kmあるので，この段階で12分以上かかることが判明し，解答はEということになる。

一応，正確に計算しておく。

6.0−5.4＝0.6（km）

残り0.6kmをこぐのに何分かかるかであるが，1分間に1.2km進むので，0.6km進むには30秒だけ必要となる。

以上より，12分＋30秒＝12分30秒

2 解答 D

解説　$速さ＝\dfrac{距離}{時間}$

P君の速さ$＝20÷\dfrac{30}{60}＝20×\dfrac{\overset{2}{60}}{\underset{1}{30}}＝40$(km／時)

Q君の速さ$＝20÷\dfrac{48}{60}＝20×\dfrac{60}{48}＝20×\dfrac{5}{4}＝25$(km／時)

P君とQ君がある点から，同時に同じ方向に自転車を走らせたので，P君がQ君を追い越すのに要する時間(t)は次式により求められる。

P君の速さ┐　┌Q君の速さ　　　サイクリングコースは
　　　　　　　　　　　　　　　　1周20km

$(40−25)×t＝20$ ←

$15t＝20$

$t＝\dfrac{20}{15}＝1\dfrac{5}{15}＝1\dfrac{1}{3}$

$\dfrac{1}{3}×60$（分）$＝20$（分）

$1\dfrac{1}{3}$時間＝1時間20分

9 植木算

例題 1

500mの並木道に，ポプラの木が20m間隔で植えてあるとき，ポプラの木は何本あるか。

A 25本   B 26本   C 27本

D 28本   E 30本

Point

右のように，3mの並木道に1m間隔で木が植えてあると考えてみよう。

すると，右図から，木の数は4本必要であるとわかる。

つまり，3÷1＋1＝4

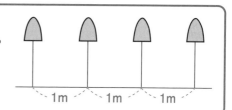

解き方

上図からわかるように，長さ3mの道に，1m間隔で植樹した場合，木の数は4本必要になる。

　　3÷1＋1＝4

つまり，距離÷間隔＋1となる。

植木算の特徴は，このプラス1である。

したがって，並木道が500m，木の間隔が20mであるので，

　　500÷20＋1＝25＋1

　　　　　　　＝26（本）

解答　B

確認

上図の円周の長さが3mで，1m間隔に木を植えていく場合を考えてみよう。

図を見てわかるように，木は3本でOKとなる。このように円の場合，直線の場合に比べ，必要となる木の数は1本少なくてすむ。

例題2

下図のような長方形の敷地の周りに，等間隔でくいを打つとき，くいは最低何本必要か。なお，どの角も必ずくいを打つものとする。

A　14本　　B　15本
C　16本　　D　17本
E　18本

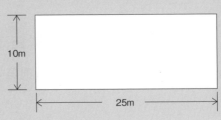

Point

・「最低何本必要か」という問題の場合，最大公約数を使う。

・長方形，正方形などの場合，直線と異なり，最後のプラス「1」は不要。

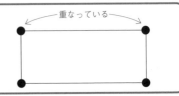

アドバイス

　最後のプラス「1」が必要か不要かを決めるものは，「線」が閉じているか，それとも閉じていないかにある。直線の場合，閉じていないので最後のプラス「1」が必要になる。

　しかし，下図のような場合，形には関係なく，閉じているので最後のプラス「1」は不要となる。

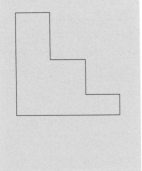

解き方

　本問を解く際のポイントの1つは，「くいは最低何本必要か」ということ。「最高何本必要か」という場合には，正確にいえば無限に必要ということになる。

　使用するくいの数を最低にするためには，10（m），25（m）の最大公約数を求める必要がある。

$$\begin{array}{r|ll} 5 & 10 & 25 \\ \hline & 2 & 5 \end{array}$$
よって，最大公約数は5

　つまり，くいは5m間隔で打てば，使用するくいの数を最低にすることができる。

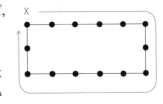

　ただ，前問と異なり，敷地の形は長方形であるので，地点Xからくいを打った場合，右回り（左回りでもOK）に回って地点Xにもどることになる。地点Xにもどるということは，地点Xでくいが重なるので，直線上にくいを打つ場合に比べ，くいは1本少なくてすむ。つまり，前問のポイントであった，最後にプラス「1」は不要となる。

　以上より，求めるものは，$(25+10+25+10) \div 5 = 14$（本）

解答　A

植 木 算

1 都内のある公園では，1周2.4kmのサイクリングコースを設置している。夜間でも走れるように50m間隔で電灯をつけるとしたら，電灯はいくつ必要になるか。

A　46本　　　B　47本　　　C　48本
D　49本　　　E　50本

2 下図のような路上に，5m間隔でケヤキの木を植えるとしたら，全部で何本必要か。なお，路上の端と交点には必ず木を植えるものとする。

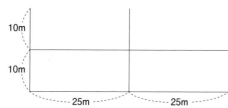

A　28本　　　B　29本　　　C　30本
D　31本　　　E　32本

解答・解説　　　　　　植　木　算

1 解答 C

解説　　1周2.4kmのサイクリングコースであるので，下図のように形がどうであれ，X点から出発すれば，X点にもどって来ることになる。つまり，直線と異なり，「線は閉じている」。したがって，円と考えればよい。

円の場合，直線と異なり，最後のプラス「1」が不要となるので，次式が成立する。

$$2.4km=2.4×1,000(m)=2,400m$$

$$2,400÷50=48(本)$$

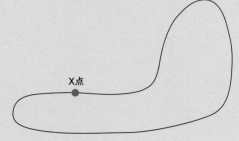

2 解答 A

解説　　右図のように記号を記入して考えると，ミスが少なくなる。

まず，A−B−C−D−Eの直線を考える。

A〜Cは20m，C〜Eは50mであるので，A〜Eは70m。よって，5m間隔で木を植えるとしたら，70÷5+1=15（本）必要となる。

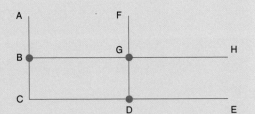

次に，B−G−Hの直線を考える。

B〜Hは50mであるので，50÷5+1=11（本）必要となる。

F−G−Dの直線を考える。

F〜Dは20mであるので，20÷5+1=5（本）必要となる。

しかし，上図を見てわかるように，B，D，Gにおいては直線が重なっているので，合計値から3を引かなければならない。

以上より，求めるものは，

$$15+11+5−3=28(本)$$

10 仕 事 算

例題 1

　ある仕事をＡ君が１人ですれば６日かかる。そして，Ｂ君が１人ですれば12日，Ｃ君も１人ですれば同じく12日かかる。この仕事をＡ君，Ｂ君，Ｃ君の３人ですれば何日ですむか。

A　1日　　　B　2日　　　C　3日
D　4日　　　E　5日

Point

全体の仕事量を１とする。
　その仕事を10日で仕上げることができる場合，
１日の仕事量は $\dfrac{1}{10}$ と表すことができる。

解 き 方

全体の仕事量を１とすると，

　Ａ君の１日の仕事量は $\dfrac{1}{6}$

　Ｂ君の１日の仕事量は $\dfrac{1}{12}$

　Ｃ君の１日の仕事量は $\dfrac{1}{12}$

したがって，Ａ君，Ｂ君，Ｃ君の３人の１日の仕事量は，

$$\frac{1}{6}+\frac{1}{12}+\frac{1}{12}=\frac{2}{12}+\frac{1}{12}+\frac{1}{12}=\frac{4}{12}=\frac{1}{3}$$

全体の仕事量は１なので，求めるものは，

$$1\div\frac{1}{3}=1\times3=3（日）$$

解答　C

何を１とするのか

　仕事算の場合，全体の仕事量を１として，問題を解くのがポイントである。ただ，ここでよく覚えておくことは，"何を１とするのか"ということ。"何を"とは"全体"であるが，ここでの"全体"とは具体的に何かをきちんと把握しておこう。

例題2

　ある水槽にS管（給水管）で水を入れると，9分で満たされる。それを空にするにはT管（排水管）で12分かかる。水槽が空であったとき，S管とT管をともに開くと何分で水槽は満水になるか。

A	28分	B	30分	C	32分
D	36分	E	40分				

　満水時の水の量を1とし，
それぞれの給水能力と排水能力を
1を使って表す。

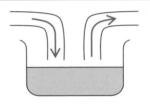

確認

　給排水問題では，いろいろなタイプの問題が出題される。

　その1つが，「水槽を$\frac{1}{2}$にするには何分かかるか」というものである。

$$\frac{1}{9}t - \frac{1}{12}t = \frac{1}{2}$$
$$4t - 3t = 18$$
$$t = 18 （分）$$

解き方

　水槽の満水時の水の量を1とすると，S管（給水管）で水を入れると9分で満水にできるので，S管（給水管）の1分間の給水能力は$\frac{1}{9}$と表せる。

　一方，満水の水槽をT管（排水管）を使って12分で空にできるので，T管（排水管）の1分間の排水能力は$\frac{1}{12}$と表せる。

　空であった水槽を満水にするまでの時間をt（分）とすると，次式が成立する。

$$\frac{1}{9}t - \frac{1}{12}t = 1$$

　分母をはらうために9と12の最小公倍数である36を両辺にかけると，

$$4t - 3t = 36$$
$$t = 36 （分）$$

解答　D

仕 事 算

1　ある仕事をPが1人で行うと4日かかり，Qが1人ですれば12日かかる。また，この仕事をP，Q，Rの3人で行うと2日ですむ。このとき，Rがこの仕事を1人で行うと何日かかるか。

　　A　5日　　　B　6日　　　C　7日
　　D　8日　　　E　10日

2　タンクに給水管で水を入れると，8分で満水になる。また，満水のタンクを排水管を使って空にするのに6分かかる。この給水管と排水管を同時に使って，満水のタンクを空にするには何分かかるか。

　　A　24分　　　B　25分　　　C　26分
　　D　28分　　　E　30分

1 解答 B

解説　全体の仕事量を1とすると、

Pの1日の仕事量は$\dfrac{1}{4}$、

Qのそれは$\dfrac{1}{12}$　となる。

ここで、Rの1日の仕事量を$\dfrac{1}{x}$とすると、次式が成立する。

$$\left(\dfrac{1}{4}+\dfrac{1}{12}+\dfrac{1}{x}\right)\times 2=1$$

——P、Q、Rの3人で行うと2日ですむ。

両辺に6をかけると、

$$2\times 6\times\left(\dfrac{1}{4}+\dfrac{1}{12}+\dfrac{1}{x}\right)=1\times 6$$

$$12\times\left(\dfrac{1}{4}+\dfrac{1}{12}+\dfrac{1}{x}\right)=6 \qquad 3+1+\dfrac{12}{x}=6$$

$$\dfrac{12}{x}=6-3-1 \qquad \dfrac{12}{x}=2 \qquad 2x=12 \qquad x=6$$

2 解答 A

解説　満水時のタンクの水の量を1とすると、

給水管の1分間の給水能力は$\dfrac{1}{8}$

排水管の1分間の排水能力は$\dfrac{1}{6}$　と表すことができる。

満水であったタンクを空にするまでの時間をt（分）とすると、次式が成立する。

$$\dfrac{1}{6}t-\dfrac{1}{8}t=1$$

$\dfrac{1}{6}t$は排水量、$\dfrac{1}{8}t$は給水量であり、その排水量から給水量を引いたものが、満水時の水の量「1」にあたるというものである。

両辺に24をかけると

$$4t-3t=24$$
$$t=24（分）$$

11 食塩水の濃度

8 ％の食塩水が200gある。これに，2 ％の食塩水を400g混ぜたとき，食塩水の濃度はいくらになるか。

A 3％	B 4％	C 4.5％
D 5％	E 6％	

Point

$$食塩水の濃度（％）＝\frac{食塩の重さ（量）}{食塩水の重さ}×100$$

$$食塩の重さ（量）＝食塩水の重さ（量）×\frac{食塩水の濃度（％）}{100}$$

解き方

8 ％の食塩水200gに入っている食塩の重さ（量）は，

$$200×\frac{8}{100}＝16（g）$$

2 ％の食塩水400gに入っている食塩の重さ（量）は，

$$400×\frac{2}{100}＝8（g）$$

したがって，これらを混ぜ合わせてできる食塩水の重さ（量）は，

200＋400＝600（g）

また，食塩水600gに含まれている食塩の重さは，

16＋8＝24（g）

以上より，食塩水の濃度＝$\frac{24}{600}＝\frac{12}{300}＝\frac{6}{150}＝\frac{2}{50}＝\frac{1}{25}$

$$＝0.04$$

つまり，食塩水の濃度は 4 ％。

解答 B

> **食塩水と食塩**
>
> 食塩水の重さ
> ＝水の重さ＋食塩の重さ
> 式を立てるとき，通常，"食塩"に着目し，左辺の食塩の重さと，右辺の食塩の重さが同じになるようにする。
>
> このタイプの問題を解くとき，食塩水の重さと食塩の重さとをしっかり区別することが大切である。

例題2

濃度が15％と12％の２つの食塩水がある。この２つの食塩水を混ぜて，13％の食塩水を600g作りたい。このとき，12％の食塩水を何g入れるとよいか。

A　280g　　B　300g　　C　340g

D　400g　　E　440g

Point

15％の食塩水をxg，

12％の食塩水をyg，

それぞれ入れると考える。

しかし，13％の食塩水の重さ（量）は600gなので，

12％の食塩水の重さは，$(600-x)$gと表すことができる。

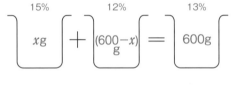

発展

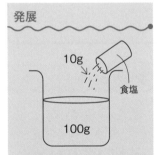

上図のように，100gの食塩水に，食塩だけを10g入れると，食塩水の重さは100＋10＝110（g）となる。また，食塩だけを入れた場合，食塩水の濃度は高くなる。

解 き 方

　このタイプの問題を解くときの心構えは，文字を使うことをケチケチしないことである。そこで，15％の食塩水をxg，12％の食塩水をyg，それぞれ入れると考える。

　しかし，文字の数はできるだけ少ない方がよいので，何とかyをxで表すことができないか考える。すると，13％の食塩水の重さ（量）は600（g）であるので，次式が成立する。

$$x+y=600$$

$$y=600-x$$

したがって，次式が成立する。

$$x\times\frac{15}{100}+(600-x)\times\frac{12}{100}=600\times\frac{13}{100}$$

両辺に100をかけると，

$$15x+12(600-x)=600\times13$$

$$15x-12x=600\times13-600\times12$$

$$3x=600(13-12)$$

$$3x=600$$

$$x=200$$

$y=600-x$であるので，

$$y=600-200$$

$$=400$$

解答　D

練習問題　食塩水の濃度

1　6％の食塩水が180gある。これに食塩を入れて10%の食塩水を作るとき，食塩を何g入れたらよいか。

A　8g　　　B　10g　　　C　12g

D　16g　　　E　20g

コーチ

左辺と右辺の食塩の重さが同じになるように工夫しよう。

計算欄

2　20%の食塩水に50gの食塩を入れ，100gの水を蒸発させたところ40％の食塩水になった。最初の食塩水は何gであったか。

A　200g　　　B　250g　　　C　300g

D　350g　　　E　400g

コーチ

ここでも，左辺と右辺の食塩の重さが同じかをチェックしよう。

計算欄

食塩水の濃度

1 解答 A

解説　追加する食塩の重さ（量）をxgとする。次式が成立する。

$$180 \times \frac{6}{100} + x = (180 + x) \times \frac{10}{100}$$

（左辺）$180 \times \frac{6}{100}$ は，6%の食塩水180gの中に何gの食塩があるかを示したものである。

それに，追加する食塩の重さ（x）をプラスした。

上式の両辺に100をかけると，

$$180 \times 6 + 100x = (180 + x) \times 10$$
$$1,080 + 100x = 1,800 + 10x$$
$$90x = 720 \qquad x = 8 \text{（g）}$$

2 解答 D

解説　20%の食塩水の重さがx（g）であるとすると，20%の食塩水に含まれる食塩の重さは，

$x \times \dfrac{20}{100}$（g）となる。

そして，これに食塩50gを加えたので，食塩水の重さは，$x + 50$（g），食塩の重さは，

$x \times \dfrac{20}{100} + 50$（g）となる。

次に，100gの水を蒸発させたので，食塩水の重さは，$(x + 50 - 100)$となる。つまり，$x + 50 - 100 = x - 50$（g）となる。

また，この食塩水の濃度は40%であるので，食塩の重さは，$(x - 50) \times \dfrac{40}{100}$（g）となる。

なお，100gの水を蒸発させる前と後で，食塩の重さは同じであるので，次式が成立する。

$$x \times \frac{20}{100} + 50 = (x - 50) \times \frac{40}{100}$$

両辺に100をかけると，$20x + 5,000 = 40x - 2,000$
$$20x = 7,000 \qquad x = 350$$

12 通 過 算

電車が長さ300mの鉄橋をわたりきるのに20秒，600mの鉄橋をわたりきるのに32秒かかった。この電車の長さは何mか。なお，電車の速さは変わらないものとする。

A	180m	B	200m	C	240m
D	280m	E	300m		

Point 電車の長さを忘れないこと。

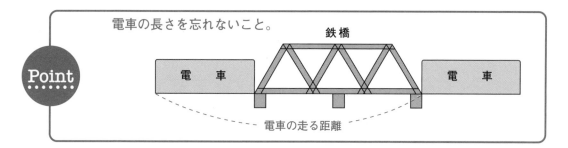

鉄 橋

電 車　電 車

電車の走る距離

解 き 方

電車の速さを x （m／秒），電車の長さを y （m）とする。

上図を見てわかるように，電車が鉄橋をわたりきるとき，電車の走る距離は，電車の長さに鉄橋の長さを加えたものである。したがって，次の2つの式が成立する。

$$\begin{cases} 300+y=20x\cdots\cdots(1) \\ 600+y=32x\cdots\cdots(2) \end{cases}$$

距離＝速さ×時間

距離＝$x\times20=20x$　　距離＝$x\times32=32x$

(1)より，$y=20x-300\cdots\cdots(1)'$

(1)′を(2)に代入すると，

$$600+20x-300=32x$$
$$300=12x$$
$$12x=300\qquad x=25\cdots\cdots(3)$$

(3)を(1)′に代入すると，

$$y=20\times25-300=500-300=200\ \text{（m）}$$

解答 B

注意

通過算の問題の場合，時速〜kmを秒速〜mになおしたり，反対に，秒速〜mを時速〜kmになおす必要が出てくる。

たとえば，時速36kmを時速〜mになおすと，36×1,000＝36,000（m）つまり，時速36,000m。

これを分速〜mになおすと，36,000÷60＝600 つまり，分速600m。

分速600mを秒速〜mになおすと，600÷60＝10 つまり，秒速10m。

例題2

　長さ140mの鉄橋を20秒で通過する電車がある。この電車が，長さ120m，秒速10mの電車とすれ違うとき，その先端が出合ってから，電車の後尾と後尾とがすれ違うまでに10秒かかった。この電車の長さはいくらか。

A　100m　　B　105m　　C　110m

D　115m　　E　120m

Point

電車Ｐと電車Ｑが反対方向からすれ違う場合，

$$所要時間＝\frac{Pの長さ＋Qの長さ}{Pの速さ＋Qの速さ}$$

電車Ｐが電車Ｑを追い越す場合，

$$所要時間＝\frac{Pの長さ＋Qの長さ}{Pの速さ－Qの速さ}$$

アドバイス

　わからないときは，図をかいてみよう。

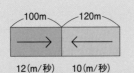

100m　　　120m

12(m/秒)　　10(m/秒)

　100＋120＝220（m）の距離を秒速22m（12＋10＝22）で走ることになる。

解き方

　電車の長さをl（m），速さをv（m／秒）とすると，

$$\frac{l+140}{20}=v\cdots\cdots(1)$$

　次に，この電車が長さ120m，秒速10mの電車とすれ違う際に要する時間は，

$$\frac{l+120}{v+10}=10\cdots\cdots(2)$$

(2)より，$l+120=10v+100\cdots\cdots(2)'$

(1)を(2)'に代入すると，

$$l+120=10\times\left(\frac{l+140}{20}\right)+100$$

　これを整理すると，

$$2l+240=l+140+200$$
$$l=340-240$$
$$l=100\ (m)$$

解答　A

練習問題　　通　過　算

1　一定速度で進行中の，長さ180mの電車の最前部が鉄橋に
さしかかってから，最後部が通過し終わるまでに30秒かかっ
た。同様に，鉄橋の2倍のトンネルでは51秒かかった。電車
の速度として正しいものは，次のうちどれか。

コーチ

　まずは，鉄橋の長さをl
（m）とする。

計算欄

A　18m／秒　　　　B　20m／秒　　　　C　24m／秒
D　26m／秒　　　　E　28m／秒

2　長さ200mの電車Pが，長さ150mの電車Qに追いついてか
ら追い抜くまでに70秒かかる。また，長さ150mの電車Qが，
長さ300mの電車Rに追いついてから追い抜くまでに90秒か
かる。このとき，電車Rの速さはいくらか。なお，電車Pの
速さは時速90kmである。

コーチ

　時速90kmを秒速になお
す。この練習はしておこう。

計算欄

A　15m／秒　　　　B　18m／秒　　　　C　20m／秒
D　23m／秒　　　　E　25m／秒

1 解答 B

解説 鉄橋の長さをl（m）とすると，トンネルの長さは$2l$（m）となる。

また，電車の速度をv（m／秒）とすると，次式が成立する。

$$\frac{l+180}{v}=30\cdots\cdots(1)\qquad l+180=30v\cdots\cdots(1)'$$

$$\frac{2l+180}{v}=51\cdots\cdots(2)\qquad 2l+180=51v\cdots\cdots(2)'$$

$(1)'$　より，$l=30v-180\cdots\cdots(1)''$

$(1)''$　を$(2)'$　に代入すると，

$$2(30v-180)+180=51v$$
$$60v-360+180=51v$$
$$9v=180\qquad\qquad v=20$$

2 解答 A

解説 時速90km，すなわち90km／時を秒速になおすと，

$$90\times1,000\div60\div60=25\,（m／秒）$$

まず，「長さ200mの電車Pが，長さ150mの電車Qに追いついてから追い抜くまでに70秒かかる」ことから，次式が成立する。

$$\frac{Pの長さ＋Qの長さ}{Pの速さ－Qの速さ}=所要時間$$

Pの速さは25（m／秒），所要時間は70秒。Qの速さをq（m／秒）とすると，

$$\frac{200+150}{25-q}=70$$
$$200+150=70(25-q)$$
$$200+150=1,750-70q$$
$$70q=1,400\qquad q=20\,（m／秒）$$

次に，「長さ150mの電車Qが，長さ300mの電車Rに追いついてから追い抜くまでに90秒かかる」ことから，次式が成立する。電車Rの速さをr（m／秒）とする。

$$\frac{150+300}{20-r}=90$$
$$150+300=90(20-r)$$
$$150+300=1,800-90r$$
$$90r=1,350\qquad r=15\,（m／秒）$$

13 年齢算，時計算

例題 1

現在，父の年齢は38歳，兄は8歳，弟は5歳である。兄弟2人の年齢の和の2倍が，父の年齢と等しくなるのは，今から何年後か。

A　3年後　　　B　4年後　　　C　5年後

D　6年後　　　E　7年後

Point

x年後の父・兄・弟のそれぞれの年齢を考えてみる。

兄弟2人の年齢の和の2倍を数式で表す。

父の年齢と等しくなるということから，等号が使えると考える。

解き方

現在，父の年齢は38歳なので，x年後の父の年齢は，$38+x$

兄の年齢は8歳なので，x年後の兄の年齢は，$8+x$

弟の年齢は5歳なので，x年後の弟の年齢は，$5+x$

したがって，x年後の兄弟2人の年齢は，

$$(8+x)+(5+x)=8+5+x+x$$
$$=13+2x$$

x年後に，兄弟2人の年齢の和の2倍が父の年齢に等しくなるので，

$$2\times(13+2x)=38+x$$
$$26+4x=38+x$$
$$3x=12$$
$$x=4$$

解答　B

確認

上問において，「兄弟2人の年齢の和の2倍が，父の年齢と等しくなるのは，弟が何歳のときか」という問いがなされたら，次のように求める。

$x=4$より，「兄弟2人の年齢の和の2倍が父の年齢に等しくなるのは4年後」と判明する。したがって，そのときの弟の年齢は，$5+4=9$（歳）となる。

時計の針が，3時45分をさしている場合に，短針と長針のなす角度と，2時をさしている場合に，短針と長針のなす角度との差は何度か。ただし，短針と長針のなす角度とは，それぞれ狭いほうの角度をさすものとする。

A	87.5°	B	92.5°	C	97.5°
D	102.5°	E	107.5°		

Point

長針は，1時間に360°回転するので，

1分間に $\dfrac{360°}{60} = 6°$ 回転する。

短針は，1時間に30°回転するので，

1分間に $\dfrac{30°}{60} = \dfrac{1°}{2}$ 回転する。

確認

長針は，1時間に1回転するので，360°回転する。

したがって，1分間に $\dfrac{360°}{60}$ =6°回転するので，5分間で30°，10分間で60°，15分間で90°回転する。

一方，短針は1分間に $\dfrac{1°}{2}$ 回転するので，5分間で $\dfrac{5°}{2}$ ，10分間で5°，15分間で $\dfrac{15°}{2}$ 回転する。

解き方

まず，2時における短針と長針のなす角度について考えてみる。上図を見てわかるように，その角度は，

$$360° \div 12 \times 2 = 30° \times 2 = 60°$$

次に，3時45分における短針と長針のなす角度について考えてみる。

短針は1分間に $\dfrac{1°}{2}$ 回転するので，45分間においては，

$$\dfrac{1°}{2} \times 45 = \dfrac{45°}{2} = 22.5°$$

一方，長針は1分間に6°回転するので，45分間においては，

$6° \times 45 = 270°$

したがって，3時45分における短針と長針のなす角度は，

$$270° - (30° + 30° + 30° + 22.5°)$$
$$= 270° - 112.5° = 157.5°$$

以上より，求めるものは，$157.5° - 60° = 97.5°$

解答 C

練習問題　　年齢算，時計算

1　3人の娘をもつ父親がいる。父親が40歳のとき，娘の年齢は14歳，6歳，4歳であった。3人の娘の年齢の合計が父親の年齢と等しくなった年に，長女が男の子を産んだ。父親が何歳のとき，長女は男の子を産んだことになるか。

コーチ

x年後に，それぞれが何歳になるかを考えてみよう。

計算欄

A	44歳	B	46歳	C	48歳
D	50歳	E	52歳		

2　9時と10時の間で，短針と長針のなす角度が180°になるのはいつ頃か。

コーチ

時計盤の「12」の箇所を0°として考えてみよう。

計算欄

A	9時4分頃	B	9時7分頃
C	9時10分頃	D	9時13分頃
E	9時16分頃		

1 解答 C

解説 「x年後に，3人の娘の年齢の合計が父親の年齢と等しくなる」とすると，次式が成立する。

$$(14+x)+(6+x)+(4+x)=40+x$$
$$24+3x=40+x$$
$$2x=16 \qquad x=8$$

よって，$14+8=22$（歳）　　　$40+8=48$（歳）

つまり，長女は22歳のときに男の子を産んだ。

そのとき，父親は48歳であった。

2 解答 E

解説 長針は1分間に6°回転するので，

x分間で$6x$°回転する。

短針は1分間に$\dfrac{1}{2}$°回転するので，

x分間で$\dfrac{x}{2}$°回転する。

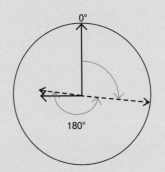

右図を見ると12時の箇所に0°と記してあるが，ここを基点に考えよう。

ここを基点とすると，9時のときの短針の角度は270°となる。それからx分経過すると，短針の角度は，$\left(270+\dfrac{x}{2}\right)$となる。

一方，9時のときの長針の角度は0°。

それからx分経過すると，長針の角度は，$(0+6x)=6x$

以上より，求めるものは，$270+\dfrac{x}{2}-6x=180$

これを整理すると，$11x=180 \qquad x=\dfrac{180}{11}=16\dfrac{4}{11}$

したがって，短針と長針のなす角度が180°になるのは，9時$16\dfrac{4}{11}$分

14 場合の数

例題 1

P，Q，R，Sの4人が横に1列に並ぶ場合，並び方は何通りあるか。

A	20通り	B	24通り	C	28通り
D	30通り	E	32通り		

Point

すべての場合を調べ，もれなく数える。

「場合の数」とは，あることがらがおこるすべての場合を数えあげた数のことである。

もれなく，かつ，重複なく数えるためには，樹形図や表をつくるとよい。

解 き 方

樹形図を使うか，表を作成するかなどについては，問題の内容によって臨機応変に決めればよい。

4人のうち，一番左の位置に並ぶ並び方は4通り（P，Q，R，S）。次に，左から2番目の位置に並ぶ並び方は，たとえば一番左にPが決まった場合，3通り（Q，R，S）。そして，左から3番目の位置に並ぶ並び方は，たとえばPとQが決まった場合，2通り（R，S）。また，一番右の位置に並ぶ並び方は，たとえばP，Q，Rが決まった場合，1通り（S）。

以上より，求めるものは，$4 \times 3 \times 2 \times 1 = 24$（通り）

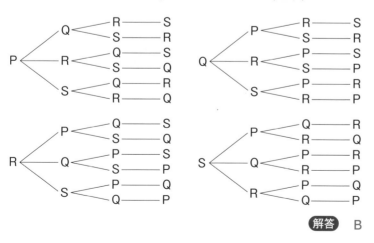

簡単にして考える

P，Q，R，Sの4人について考えるのがメンドウと思ったら，P，Q，Rの3人について考えればよい。

$$P \begin{cases} Q-R \\ R-Q \end{cases}$$

$$Q \begin{cases} P-R \\ R-P \end{cases}$$

$$R \begin{cases} P-Q \\ Q-P \end{cases}$$

したがって，$3 \times 2 \times 1 = 6$（通り）

解答 B

例題2

3つのサイコロP，Q，Rを同時に投げたとき，目の和が7になる場合は何通りあるか。

A　15通り　　B　16通り　　C　18通り

D　20通り　　E　22通り

・和の法則

2つのことがらA，Bがあって，Aの起こり方がm通り，Bの起こり方がn通りで，A，Bが同時に起きないならば，

AまたはBの起こる場合の数は$(m+n)$通りである。

積の法則

2つのことがらA，Bがあって，Aの起こり方がm通りあり，おのおのについてBの起こり方がn通りずつあると，A，Bがともに起こる場合は，$(m×n)$通りである。

例題1の問題は「積の法則」があてはまるケースで，$4×3×2×1＝24$（通り）となる。つまり，Aの起こり方がa通り，Bの起こり方がb通り，Cの起こり方がc通り，Dの起こり方がd通り。

したがって，A，B，C，Dがともに起こる場合は，$(a×b×c×d)$通り。

解き方

下表は，Pの目が1，2，3，4，5のとき，QとRの目がどうであったら，目の和が7になるかを示したものである。

たとえば，Pの目が1のとき，Qの目が1，Rの目が5であれば，目の和が7になる。また，Pの目が1のとき，Qの目が2，Rの目が4であれば，目の和は7になる。Pの目が1のとき，Qの目が3，Rの目が3であれば，目の和は7になる。

Pの目	Qの目					Rの目					場合の数
1	1	2	3	4	5	5	4	3	2	1	5
2	1	2	3	4		4	3	2	1		4
3	1	2	3			3	2	1			3
4	1	2				2	1				2
5	1					1					1

上表より，Pの目が1のとき，場合の数は5。Pの目が2のとき，場合の数は4。Pの目が3のとき，場合の数は3。Pの目が4のとき，場合の数は2。Pの目が5のとき，場合の数は1。

したがって，「和の法則」から，目の和が7になる場合は，15通りとなる。和の法則においては，Pの目が1のとき，同時にPの目が2あるいは3などが出ることはない。

解答　A

60

場 合 の 数

1 a, bがともに正の整数であるとき，$a+b=12$になるような場合は何通りあるか。

コーチ
実際に数字をあてはめてみるとよい。

  A   9通り   B   10通り   C   11通り
  D   12通り   E   13通り

計算欄

2 A市からB市へ行く道が3本，B市からC市へ行く道が2本ある。A市からB市を通ってC市へ行き，その後，再びB市を通ってA市へ帰ってくる道順は全部で何通りあるか。

コーチ
「積の法則」を使ってみよう。

  A   12通り   B   18通り   C   24通り
  D   30通り   E   36通り

計算欄

3 8人の陸上部員がいる。これらのうち，リレー選手として4人を選ぶとき，何通りの方法があるか。

コーチ
「組合せ」の考え方を使う。

  A   40通り   B   50通り   C   60通り
  D   70通り   E   80通り

計算欄

1 |解答| C

|解説| 下のような表を作成してみると，わかりやすい。

a	1	2	3	4	5	6	7	8	9	10	11
b	11	10	9	8	7	6	5	4	3	2	1
計	12	12	12	12	12	12	12	12	12	12	12

2 |解答| E

|解説|

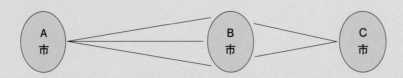

　　この問題の場合，「積の法則」があてはまる。A市からB市を通ってC市に行く道順は，3×2＝6（通り）

　　また，C市から，B市を通ってA市へ行く道順は，3×2＝6（通り）

　　したがって，求めるものは，6×6＝36（通り）

3 |解答| D

|解説| 「組合せ」とは，「異なるn個のものから，並べ方は考えないで，r個取り出したものを，n個からr個とる組合せ」という。

　　本問の場合，この「組合せ」の考え方を使って解くものである。

　　つまり，部員の中から，リレー選手として4人を取り出すものであるから，「8個から4個とる組合せ」と考えればよい。よって，

$$_8C_4 = \frac{^2 8 \times 7 \times 6^{21} \times 5}{_1 4 \times _1 3 \times 2_1 \times 1} = 70（通り）$$

〈トレーニング〉

$$_6C_2 = \frac{^3 6 \times 5}{_1 2 \times 1} = 15（通り）$$
「6」から始まる。そして「2」なので6×5
「2」から始まる。そして「2」なので2×1

$$_8C_3 = \frac{8 \times 7 \times 6^{21}}{_1 3 \times 2_1 \times 1} = 56（通り）$$
「8」から始まる。そして「3」なので8×7×6
「3」から始まる。そして「3」なので3×2×1

15 確 率

例題1

2個のサイコロＸとＹを同時に投げたとき，出る目の数の和が５になる確率はいくらか。

A $\dfrac{1}{4}$　　B $\dfrac{1}{5}$　　C $\dfrac{1}{6}$　　D $\dfrac{1}{8}$　　E $\dfrac{1}{9}$

Point

まず最初に，全体の場合の数を求めること。

場合の数が全部でn通りで，そのうち，ことがらＭの起こる場合の数がm通りであるとき，Ｍの起こる確率Pは，

$$P = \dfrac{m（ことがらＭの起こる場合の数）}{n（全体の場合の数）}$$

なお，確率Pの範囲は$0 \leqq P \leqq 1$

解き方

問題文に「サイコロＸとＹを同時に投げたとき」と記載されているが，サイコロＸを投げ，次にサイコロＹを投げたと考えてもOKである。

サイコロＸを投げたときの目の出方は６通り，サイコロＹを投げたときの目の出方も６通りであるので，全体の場合の数は，
$6 \times 6 = 36$（通り）

次に，出る目の数の和が５になる場合を考える。表にすると，下のようになる。

X	1	2	3	4
Y	4	3	2	1
X+Y	5	5	5	5

つまり，４通りある。

したがって，求めるものは，$\dfrac{4}{36} = \dfrac{1}{9}$

解答 E

確認

出る目の数の和が６になる確率は次のようになる。

X 1　　　X 2
Y 5　　　Y 4

X 3　　　X 4
Y 3　　　Y 2

X 5
Y 1

つまり，５通りある。
よって，求めるものは，

$\dfrac{5}{36}$

例題2

10本のうち，当たりくじが7本はいっている。くじを2本ひいたとき，2本とも
はずれる確率はいくらか。

A　$\dfrac{1}{10}$　　　B　$\dfrac{1}{15}$　　　C　$\dfrac{1}{20}$　　　D　$\dfrac{1}{25}$　　　E　$\dfrac{1}{30}$

Point

くじを2本ひいた場合，2本を同時に考えないで，
　まず，最初の1本の確率について考える。
次に，2本目をひいたときの確率について考える。
そして最後に，2つの確率をかける。
（1つ目の確率）×（2つ目の確率）

Xの起こらない確率

　サイコロを1個投げたとき，3の目の出る確率は，

$$\dfrac{1}{6}$$

　逆にいえば，3の目の出ない確率は，

$$1-\dfrac{1}{6}=\dfrac{5}{6}$$

　つまり，Xの起こる確率を P とすると，Xの起こらない確率は，$1-P$ である。

解き方

　10本のうち，当たりくじが7本なので，3本ははずれとなる。この状況において，くじを1本ひくと，

　　　当たりくじをひく確率は，$\dfrac{7}{10}$

　　　はずれくじをひく確率は，$\dfrac{3}{10}$

　1本目ではずれくじをひくと，残り9本のくじのうち，当たりは7本，はずれは2本となる。したがって，この状況において，くじをひくと，

　　　当たりくじをひく確率は，$\dfrac{7}{9}$

　　　はずれくじをひく確率は，$\dfrac{2}{9}$

　以上より，2本連続ではずれくじをひく確率は，

$$\dfrac{{}^{1}3}{{}_{5}10}\times\dfrac{{}^{1}2}{{}_{3}9}=\dfrac{1}{15}$$

解答　B

練習問題　　　　確　率

1　2個のサイコロを同時に投げたとき，2つの目の和が偶数になる確率はいくらか。

　　A $\dfrac{1}{2}$　　B $\dfrac{1}{3}$　　C $\dfrac{1}{4}$　　D $\dfrac{1}{5}$　　E $\dfrac{1}{6}$

コーチ

　2つの目の和が偶数になる可能性をすべて考えてみる。

計算欄

2　赤玉2個と白玉3個のはいった箱から，同時に2個とり出すとき，2個とも白玉である確率はいくらか。

　　A $\dfrac{1}{5}$　　B $\dfrac{1}{6}$　　C $\dfrac{3}{7}$　　D $\dfrac{3}{8}$　　E $\dfrac{3}{10}$

コーチ

　最初に，5個の中から2個とり出す場合の数を求める。

計算欄

3　7本のうち，当たりくじが4本はいっている。くじを2本ひいたとき，少なくとも1本は当たる確率はいくらか。

　　A $\dfrac{2}{3}$　　B $\dfrac{4}{5}$　　C $\dfrac{5}{6}$　　D $\dfrac{6}{7}$　　E $\dfrac{7}{8}$

コーチ

　まずは，2本ともはずれる確率を求める。

計算欄

1 | 解 答 | A

| 解 説 |　2個のサイコロを投げたときの，目の出方は，6×6＝36（通り）

2つの目の和が偶数になる組み合わせは，

　(1, 1) (1, 3) (1, 5) (2, 2) (2, 4) (2, 6) (3, 1) (3, 3) (3, 5)

　(4, 2) (4, 4) (4, 6) (5, 1) (5, 3) (5, 5) (6, 2) (6, 4) (6, 6)

の18通り。

したがって，求めるものは，$\dfrac{18}{36} = \dfrac{1}{2}$

2 | 解 答 | E

| 解 説 |　赤玉2個と白玉3個がはいっているので，合計5個はいっている。

5個の中から2個とり出す場合の数は，

$$_5C_2 = \dfrac{5 \times 4}{2 \times 1} = 10（通り）$$

また，白玉3個の中から2個とり出す場合の数は，

$$_3C_2 = \dfrac{3 \times 2}{2 \times 1} = 3（通り）$$

以上より，求めるものは，$\dfrac{3}{10}$

3 | 解 答 | D

| 解 説 |　少なくとも1本は当たる確率＝1−（2本ともはずれる確率）

7本のうち，当たりくじが4本，はずれが3本のとき，

1本目をひいたときはずれる確率＝$\dfrac{3}{7}$

2本目をひいたときはずれる確率＝$\dfrac{2}{6} = \dfrac{1}{3}$

よって，2本ともはずれる確率＝$\dfrac{3}{7} \times \dfrac{1}{3} = \dfrac{1}{7}$

以上より，2本ひいたとき，少なくとも1本は当たる確率＝$1 - \dfrac{1}{7} = \dfrac{6}{7}$

16 集　合

例題 1

　子ども100人を対象に，海と山について調査を行ったところ，海が好きと答えた者は63人，山が好きと答えた者は56人いた。また，海も山も好きと答えた者は35人であった。このとき，海も山も好きでない者は何人か。

A　**7人**　　　B　**9人**　　　C　**13人**

D　**15人**　　　E　**16人**

Point

　問題文を読んで，"これは集合の問題だ"と思ったら，右図のように，与えられた条件をもとにベン図をかいてみよう。
　ベン図をかくことが，確実に正解にたどりつくオーソドックスな方法である。

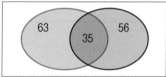

解き方

　与えられた条件をベン図にかくと，下図のようになる。
　領域アは「海が好きな者」，領域ウは「山が好きな者」，そして，領域イは「海も山も好きな者」を示している。
　領域アが63人，領域ウが56人であるが，領域イが35人であるので，下図の太線内の人数は，
　　$63+56-35=84$（人）となる。

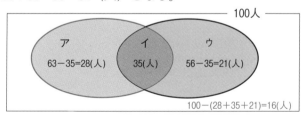

　また，子どもは100人であるので，太線外の人数は，
　　$100-84=16$（人）
太線外の人数とは，「海も山も好きでない者の人数」である。

これも慣れ!!

　"集合の問題が苦手""ベン図がどうしても好きになれない"などの声をよく聞く。しかし，問題を何問か解き，いろいろ考えていけば，そのうちこのタイプの問題にも慣れてきて，苦手意識がなくなると思う。

解答　E

例題2

　300人の大人を対象に，フランス料理とイタリア料理について好きか・好きでないかの調査を行ったところ，186人はフランス料理が好きでないと答え，128人がイタリア料理が好きでないと答えた。また，フランス料理が好きでないと答えた人の半数がイタリア料理も好きでないことがわかった。

　以上のことから，フランス料理もイタリア料理も好きな人は何人か。

A　76人　　　B　79人　　　C　84人

D　85人　　　E　88人

Point

　「好きでない」も，ベン図で表すことができる。

　右図の色の重なった部分の人数を求めることが解決へのカギとなる。

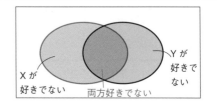

類似問題

　100人のうち，次のことがわかっているとき，イタリア料理が好きな人は何人か。

・フランス料理が好きな人は50人。

・フランス料理もイタリア料理も好きな人は24人。

・フランス料理もイタリア料理も好きでない人は23人。

- - - - - - - - - - - - - - - - -

$100-23=77$

求めるものをxとおくと，

$50+x-24=77$

$x=77+24-50$

$　=51$（人）

（ 解 き 方 ）

　前問と同様，与えられた条件をベン図にかくと，下図のようになる。領域アは「フランス料理が好きでない人」，領域ウは「イタリア料理が好きでない人」，そして，領域イは「フランス料理もイタリア料理も好きでない人」を示している。

　領域イの人数については，「フランス料理が好きでないと答えた人の半数がイタリア料理も好きでない」ことから，$186\div2=93$（人）となる。したがって，下図の太線内の人数は，

$186+128-93=221$（人）

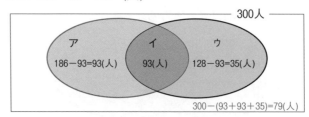

　また，大人は300人であるので，太線外の人数は，

$300-221=79$（人）

　太線外の人数とは，「フランス料理もイタリア料理も好きな人の人数」である。

　B

1　ある高校の生徒100人について，100メートルと200メートルのタイムを調べたところ，100メートルを13秒未満で走る者は29人，200メートルを25秒未満で走る者は22人であった。また，100メートル，200メートルともこれらのタイムで走ることができない者は59人いた。

このとき，100メートル，200メートルとも，これらのタイムで走ることができる者は何人いたか。

A	10人	B	11人	C	12人
D	13人	E	14人		

コーチ

求められる人数を計算する際に必要となる数字は，100，29，22，59の4つである。

計算欄

2　社員が300人の会社がある。海外旅行について調査したところ，次のことがわかった。
- アメリカに行ったことがある人……110人
- ドイツに行ったことがある人……80人
- フランスに行ったことがある人……140人
- アメリカとドイツに行ったことがある人……40人
- アメリカとフランスに行ったことがある人……70人
- ドイツとフランスに行ったことがある人……50人
- アメリカ，ドイツ，フランスの3か国に行ったことがある人……20人

以上のことから，アメリカ，ドイツ，フランスのどこにも行ったことがない人は何人か。

A	90人	B	100人	C	110人
D	120人	E	130人		

コーチ

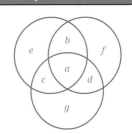

$(a+b+c+d+e+f+g)+(b+c+d)+2a=(a+b+c+e)+(a+b+d+f)+(a+c+d+g)$

↑

これを丸覚えし，うまく使う

計算欄

1 解 答　A

解 説　右図のベン図に示す通り，100メートルを
13秒未満で走ることができないで，かつ，
200メートルを25秒未満で走ることができ
ない者が59人いる。したがって，右図のベ
ン図の太線内の人数は，100−59＝41（人）
となる。

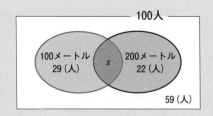

以上より，右図の色の重なった部分の人
数をx（人）とすると，

$$29+22-x=41$$
$$x=29+22-41 \qquad x=10（人）$$

2 解 答　C

解 説　右図において，次式が成立する。これ
は丸覚えしておこう。試験場で，1つひ
とつ考えていたら，時間がドンドン過ぎ
てしまう。

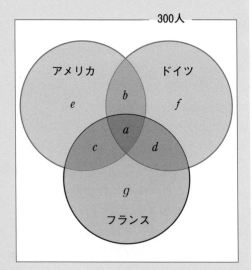

$(a+b+c+d+e+f+g)+(b+c+d)+$
$2a=(a+b+c+e)+(a+b+d+f)+(a$
$+c+d+g)$

・アメリカとドイツに行ったことがある
　人が40人なので，$a+b=40$……(1)
・アメリカとフランスに行ったことがあ
　る人が70人なので，$a+c=70$……(2)
・ドイツとフランスに行ったことがある
　人が50人なので，$a+d=50$……(3)
・アメリカ，ドイツ，フランスの3か国
　に行ったことがある人が20人なので，$a=20$……(4)
　(4)を(1)・(2)・(3)に代入すると，$b=20$，$c=50$，$d=30$
　以上より，次式が成立する。
　　$(a+b+c+d+e+f+g)+(20+50+30)+2\times20=110+80+140$
　　$(a+b+c+d+e+f+g)+100+40=330$
　　$a+b+c+d+e+f+g=330-100-40=190$
　つまり，右上図において，太線内の人数は190人となる。
　したがって，求めるものは，$300-190=110$（人）

17　１次関数，２次関数のグラフ

例題１

右図は，$y=3x$，$y=-\dfrac{1}{3}x+5$ のグラフである。２つのグラフの交点Pの座標はいくらか。

A　$\left(\dfrac{1}{2},\ \dfrac{5}{2}\right)$　　B　$\left(\dfrac{3}{2},\ \dfrac{5}{2}\right)$

C　$\left(\dfrac{3}{2},\ \dfrac{9}{2}\right)$　　D　$\left(2,\ \dfrac{5}{2}\right)$

E　$\left(2,\ \dfrac{9}{2}\right)$

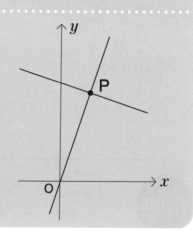

Point

２つの直線の交点の座標を，グラフから正確に読みとることはむずかしい。それは，２つの式を連立方程式として解くことで求めることができる。

交点

解き方

$y=3x$……(1)　　　$y=-\dfrac{1}{3}x+5$　……(2)

(1)と(2)より　　$3x=-\dfrac{1}{3}x+5$

両辺に３をかけると，

$3x\times3=-\dfrac{1}{3}x\times3+5\times3$

$9x=-x+15$　　　$10x=15$　　　$x=\dfrac{3}{2}$……(3)

(3)を(1)に代入すると，

$y=3x$　　　$y=3\times\dfrac{3}{2}=\dfrac{9}{2}$

$x=\dfrac{3}{2}$　$y=\dfrac{9}{2}$　　　P$\left(\dfrac{3}{2},\ \dfrac{9}{2}\right)$

解答　C

例題2

右図は$y=x^2$, $y=-x+2$のグラフである。
2つのグラフの交点PとQのうち，Qの座標
はどれか。

A　(1, 1)
B　(−1, 2)
C　(1, 2)
D　(−2, 4)
E　(−2, 6)

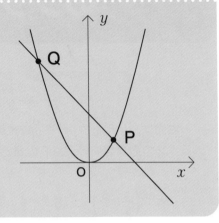

Point

$$\begin{cases} y=x^2 \\ y=ax+b \end{cases} \text{より，} x^2=ax+b \text{が成立する。}$$

つまり，$y=x^2$のグラフと，直線$y=ax+b$の交点のx座標は，
$x^2=ax+b$の解である。

問題文をよく読む

上問において，「2つの
グラフの交点PとQのうち，
Pの座標はどれか」の場合
には，正解はAとなる。
「確実に解けているのに，
解答が間違い」というのが
一番くやしい。

どのような状況において
も，問題文は最後まできっ
ちり読むようにしよう。

解き方

$x^2=ax+b$の解は，
$y=x^2$と$y=ax+b$の交点のx座標である。
よって，$y=x^2$と$y=-x+2$より，

$x^2=-x+2$
$x^2+x-2=0$
$(x+2)(x-1)=0$
$x=-2,\ x=1$

$x=-2$を$y=x^2$に代入すると，$y=(-2)^2=4$
$x=1$を$y=x^2$に代入すると，$y=1^2=1$

したがって，2つのグラフの交点は $(-2, 4)$ $(1, 1)$
ここで求められているのは交点Qの座標であるので，
　交点Q $(-2, 4)$ となる。
また，交点P $(1, 1)$ となる。
なお，上図を見ると，交点Pのx座標は交点Qのx座標の右
側にある。よって，交点Pのx座標は交点Qのx座標より値は
大きいものとなる。

解答 D

１次関数，２次関数のグラフ

1 $2x+3y-6=0$, $y=\dfrac{1}{3}x-1$ の２つのグラフの交点の座標はどれか。

A $(3,\ 0)$ B $(-3,\ 0)$ C $(3,\ -3)$
D $(0,\ 3)$ E $(0,\ -3)$

コーチ

連立方程式を解けばよい。

計算欄

2 $\dfrac{x}{2}-\dfrac{y}{10}=1$ のグラフと，x軸との交点の座標はどれか。

A $(0,\ 2)$ B $(0,\ 5)$ C $(2,\ 0)$
D $(4,\ 0)$ E $(5,\ 0)$

コーチ

ある直線がy軸と交わるとき，$x=0$である。

計算欄

3 $y=2x^2$, $y=x+10$ の２つのグラフの交点の座標として正しいものはどれか。

A $(2,\ 8)$ B $(-2,\ 8)$ C $(2,\ 10)$
D $(-2,\ 10)$ E $(2,\ -10)$

コーチ

この場合，交点は２つあるが，どちらかの交点の座標に該当していればよい。

計算欄

解答・解説　１次関数, ２次関数のグラフ

1 解答 A

解説　$2x+3y-6=0$……(1)

$y=\dfrac{1}{3}x-1$……(2)

(2)を(1)に代入すると,

$2x+3\times\left(\dfrac{1}{3}x-1\right)-6=0$　　$2x+x-3-6=0$

$3x=9$　　　$x=3$

$y=\dfrac{1}{3}\times3-1=0$

2 解答 C

解説　右図を見てみよう。

たとえば, 直線Tがx軸と交わるとき,
$y=0$である。

よって, $\dfrac{x}{2}-\dfrac{y}{10}=1$に, $y=0$を代入すると,

$\dfrac{x}{2}=1$　　　$x=2$

したがって, 求めるものは, $(2,\ 0)$

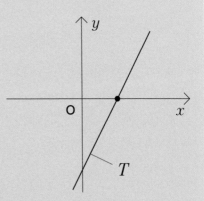

3 解答 B

解説　$y=2x^2$……(1)

$y=x+10$……(2)

(1)と(2)より, $2x^2=x+10$　　　$2x^2-x-10=0$

$x=\dfrac{1\pm\sqrt{1+4\times2\times10}}{2\times2}=\dfrac{1\pm9}{4}$　　　$x=\dfrac{1+9}{4}=\dfrac{5}{2}$　　　$x=\dfrac{1-9}{4}=-2$

$x=\dfrac{5}{2}$を(2)に代入すると, $y=\dfrac{5}{2}+10=\dfrac{5}{2}+\dfrac{20}{2}=\dfrac{25}{2}=12\dfrac{1}{2}$

$x=-2$を(2)に代入すると, $y=-2+10=8$

したがって, ２つのグラフの交点の座標は, $\left(\dfrac{5}{2},\ 12\dfrac{1}{2}\right)$ $(-2,8)$

18 不等式と領域

例題

次の２つの式で示される直線と，x軸，y軸により，右のように全体は10の領域に分かれる。

Ⅰ　$y=x$

Ⅱ　$y=-x+4$

上の２つの式を以下のように不等式に変えた場合，これらの条件をすべて満たす領域はA〜Eのうちどれか。

Ⅰ　$y>x$

Ⅱ　$y<-x+4$

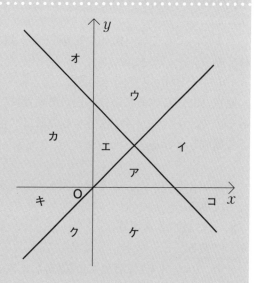

A　ア，イ，ケ　　　B　ア，エ，カ

C　ア，ク，ケ　　　D　ウ，オ，エ

E　エ，カ，キ

Point

　下図のように，直線$y=x$があり，$y>x$が示されたとき，$y>x$に該当する領域は，右図に示された"色のある領域"か，それとも"色のない領域"のどちらかとなる。

　こうした場合，通常，与えられた不等式に $(0, 0)$ を入れてみるのだが，この場合，$(0, 0)$ 以外の点でないと判別ができない。

　そこで，$(2, 0)$ を任意にとり，$y>x$に入れてみると，$0>2$となるので，不成立。よって，$y>x$に該当する領域は $(2, 0)$ がある反対の領域である"色のある領域"ということになる。

図1

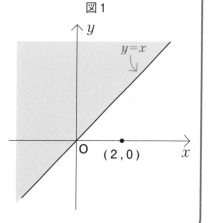

解き方

同じ要領で，$y<-x+4$についても検討する。

右図において，直線$y=-x+4$が示されている。ここで知りたいことは，$y<-x+4$に該当する領域が，右図に示された"色のある領域"か，それとも"色のない領域"のどちらかということ。

そこで，ここでは $(0, 0)$ を$y<-x+4$に入れてみる。

$$0<0+4, \quad 0<4 \quad \longrightarrow 成立$$

原点 $(0, 0)$ があるのは"色のある領域"であるので，$y<-x+4$に該当する領域は"色のある領域"となる。

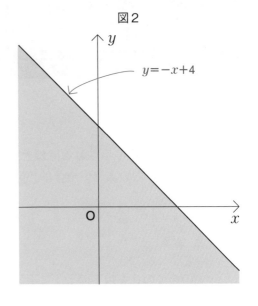

図2

準備がととのったところで，図1と図2をあわせてみる。

$y>x$に該当する領域は，「ウ，エ，オ，カ，キ」である。

一方，$y<-x+4$に該当する領域は，「ア，エ，カ，キ，ク，ケ」である。

求めるものは，「$y>x$に該当する領域」と「$y<-x+4$に該当する領域」の重なったところである。

「ウ，エ，オ，カ，キ」

「ア，エ，カ，キ，ク，ケ」

つまり，「エ，カ，キ」ということになる。

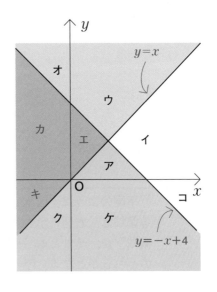

解答　E

エンピツを使う

「不等式と領域」の問題は，簡単そうに思われるものでも，実際に解くとなるとミスも生じ，すんなりとはいかない。

そうした状況の中，ボールペンを使って問題用紙に斜線などを描いていたら失敗したときに消せない。エンピツなら消せるので，頭をスッキリさせることができる。

不等式と領域

1　次の2つの式で示される直線と，x軸，y軸により，下のように全体は10の領域に分かれる。

　　Ⅰ　$y=x-3$

　　Ⅱ　$y=-\dfrac{3}{2}x-3$

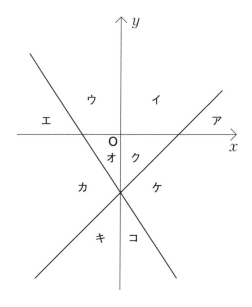

　　上の2つの式を以下のように不等式に変えた場合，これらの条件をすべて満たす領域はA～Eのどれか。

　　Ⅰ　$y<x-3$

　　Ⅱ　$y>-\dfrac{3}{2}x-3$

　　A　ア，イ，ク
　　B　ア，ケ
　　C　イ，ク
　　D　エ，カ
　　E　キ，コ

コーチ

　計算の際，不等号の向きに十分注意しよう。

　$y<x-3$ に (0，0) を入れるところを，$y>x-3$ に (0，0) を入れると，もはやこの段階で正解にたどりつけないことになる。

補　足

　本問の問題文に，「次の2つの式で示される直線と，x軸，y軸により，下のように全体は10の領域に分かれる」と書かれてあるが，「x軸，y軸」のところを，「$y=0$，$x=0$」と表現しても，同じことである。

不等式と領域

1 解答 B

解説 まず，$y<x-3$に (0, 0) を入れてみると，

$$0<0-3 \qquad 0<-3 \quad \longrightarrow 不成立$$

したがって，$y<x-3$に該当する領域は (0, 0) と反対の領域ということになる。

つまり，「ア，キ，ケ，コ」

次に，$y>-\dfrac{3}{2}x-3$に (0, 0) を入れてみると，

$$0>-\dfrac{3}{2}\times 0-3 \qquad 0>-3 \quad \longrightarrow 成立$$

したがって，$y>-\dfrac{3}{2}x-3$に該当する領域は，「ア，イ，ウ，オ，ク，ケ」となる。

以上より，求めるものは，両者の重なったところである。

「㋐，キ，㋘，コ」

「㋐，イ，ウ，オ，ク，㋘」

つまり，「ア，ケ」となる。

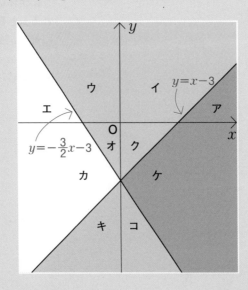

19 速さ・距離・時間 PART2

例題 1

　土曜日にサイクリングに出かけた。右表は，P地点，Q地点，R地点，S地点における出発時刻，到着時刻などを示したものである。また，Q地点，R地点においてはいずれも，30分休憩した。

　右表からみて，P地点とS地点の間を，平均時速，およそ何kmで走ったことになるか。ただし，休憩時間は所要時間の中には入れない。

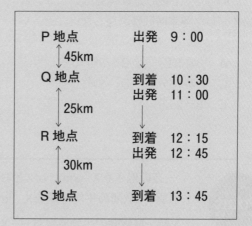

P 地点	出発　9：00
↓45km	
Q 地点	到着　10：30
	出発　11：00
↓25km	
R 地点	到着　12：15
	出発　12：45
↓30km	
S 地点	到着　13：45

A　25.3km／h　　B　26.7km／h

C　28.2km／h　　D　30.4km／h

E　32.1km／h

Point

速さ＝$\dfrac{距離}{時間}$ の公式を中心に考えること。

速さを求めるためには，
　　　距離と時間がわかればOK!!

解き方

P地点からS地点までの距離は，

45＋25＋30＝100（km）

P地点を出発してS地点に到着するまでの所要時間は，

P地点〜Q地点間の所要時間	1時間30分
Q地点〜R地点間の所要時間	1時間15分
R地点〜S地点間の所要時間	1時間
合計	3時間45分

よって，$3\dfrac{45}{60}=3\dfrac{3}{4}$（時間）

以上より，$100(km)÷3\dfrac{3}{4}$（時間）$=100÷\dfrac{15}{4}≒26.7(km／h)$

解答　B

確認

　上問は速さを求める問題であるが，速さと時間が与えられていて，距離を計算する問題もある。

　例えば，P〜Q間の距離，Q〜R間の距離のほか，P〜S間の平均時速と所要時間が与えられていて，R〜S間の距離を求める問題もある。

例題2

　右表は，K駅からN駅間の時刻表である。

　L駅～M駅間の平均時速は，K駅～L駅間の平均時速の3／4である。このとき，L駅の発車時刻はいつか。ただし，停車時間は考慮しないこと。

A　8時10分　　B　8時15分

C　8時18分　　D　8時20分

E　8時25分

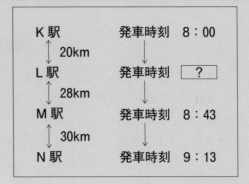

K 駅	発車時刻　8：00
↕ 20km	
L 駅	発車時刻　?
↕ 28km	
M 駅	発車時刻　8：43
↕ 30km	
N 駅	発車時刻　9：13

Point

一方の速さをX（km／h）とおく。

K駅～L駅間の平均時速をX（km）とすると，

L駅～M駅間の平均時速は $\frac{3}{4}$ X（km）と表せる。

ただし書きをよく読む

　上問における，ただし書きは「停車時間は考慮しない」ということ。

　よって，電車が到着したら，すぐに出発するという前提で問題を解きましょう，ということ。

解き方

　K駅～L駅間の平均時速をx（km）とすると，

　L駅～M駅間の平均時速は $\frac{3}{4}$ x（km）

　また，K駅～L駅間の距離は20km，L駅～M駅間の距離は28km，K駅～M駅間の所要時間は43分であることから，次式が成立する。

$$\frac{20}{x}+\frac{28}{\frac{3}{4}x}=\frac{20}{60}, \quad \frac{20}{x}+\frac{112}{3x}=\frac{43}{60}$$

$$\frac{172}{3x}=\frac{43}{60}, \quad 129x=10,320 \quad \therefore x=80$$

　したがって，K駅～L駅間の平均時速は80km，

　　　　　　　K駅～L駅間の距離は20kmであるので，

　K駅～L駅間の所要時間は， $\frac{20}{80}=\frac{1}{4}$

　$60×\frac{1}{4}=15$ （分）

　以上より，L駅の発車時刻は，

8時15分

解答　B

1　日曜日にドライブに出かけた。下表は，P地点，Q地点，R地点，S地点における出発時刻，到着時刻などを示したものである。また，Q地点では30分間，R地点では1時間，休憩した。

　P地点とS地点の間を平均時速76.5kmで走ったとすると，下表からみて，S地点の到着時刻はいつになるか。ただし，休憩時間は所要時間の中に入れない。

- A　13時50分
- B　13時55分
- C　14時
- D　14時5分
- E　14時10分

```
P 地点        出発   9 : 00
  ↑ 80km
Q 地点        到着  10 : 20
             出発  10 : 50
  ↓ 100km
R 地点        到着  12 : 05
             出発  13 : 05
  ↑ 75km
S 地点        到着   ?
```

> **コーチ**
>
> $30分 = \dfrac{30}{60}$ 時間
>
> $ = \dfrac{1}{2}$ 時間
>
> $45分 = \dfrac{45}{60}$ 時間
>
> $ = \dfrac{3}{4}$ 時間

計算欄

2　下表は，K駅からN駅間の，X電車（普通電車）とY電車（特急電車）の時刻表である。

　X電車がK駅を8時，Y電車がK駅を8時10分に発車し，X電車，Y電車とも平均時速で走ったとすると，Y電車の先頭がX電車の先頭に追いつくのは何時何分か。なお，X電車とY電車の車両の長さは同じであるとする。

> **コーチ**
>
> 　まず，X電車のK駅〜L駅間の平均時速を求める。
>
> 　次に，Y電車のK駅〜N駅間の平均時速を求める。

計算欄

駅名と距離	X 電車	Y 電車
K 駅	発車時刻　8 : 00	発車時刻　8 : 10
↕ 40km	↓	
L 駅	発車時刻　8 : 40	通過
↕ 30km		
M 駅	発車時刻　9 : 20	通過
↕ 30km		
N 駅	発車時刻　9 : 50	発車時刻　9 : 10

- A　8時15分
- B　8時20分
- C　8時25分
- D　8時30分
- E　8時35分

1 解答　A

解説　速さ＝$\dfrac{距離}{時間}$

　　求めるものはS地点の到着時刻であるが，P～Q間の所要時間が1時間20分，Q～R間の所要時間が1時間15分とわかっているので，P～S間の所要時間がわかれば，S地点の到着時間は容易にわかる。

　　P～S間の距離は，80＋100＋75＝255（km）

　　P～S間の平均時速は，76.5km。

　　よって，これらの数字を上式にあてはめると，

$$76.5＝\dfrac{255}{時間}，　時間＝\dfrac{255}{76.5}＝3\dfrac{2.55}{76.5}＝3\dfrac{1}{3}　　　\therefore 3時間20分$$

　　したがって，R～S間の所要時間は45分。

　　以上より，S地点の到着時間は13時50分。

2 解答　C

解説　　まず，X電車のK駅～L駅間の平均時速を求める。

$$\dfrac{距離}{時間}＝\dfrac{40(km)}{\dfrac{40}{60}(時間)}＝\dfrac{40}{\dfrac{2}{3}}＝\dfrac{120}{2}＝60(km／h)$$

　　Y電車はK駅をX電車より10分遅れて出発している。X電車のK駅～L駅時間の平均時速は60（km／h）であるので，X電車は10分間に，60÷（60÷10）＝60÷10（km）走っていることになる。

　　Y電車のK駅～N駅間の平均時速を求める。

$$\dfrac{距離}{時間}＝\dfrac{40＋30＋30(km)}{1(時間)}＝\dfrac{100(km)}{1(時間)}＝100　(km／h)$$

　　X電車の平均時速が60（km／h），Y電車の平均時速が100（km／h）であるので，両電車の距離は1時間（60分）に40kmちぢむことになる。

　　したがって，両電車の距離が10kmあるとき，その差をゼロにするに要する時間をt（分）とすると，次式が成立する。

　　60：40＝t：10

　　　40t＝600

　　　　t＝$\dfrac{600}{40}$＝15（分）

　　以上より，Y電車の先頭がX電車の先頭に追いつく時刻は，

　　8時10分＋15分＝8時25分

20 推　論

例題１

下のようなトーナメントの試合が行われた。その結果，次のことがわかった。

ア：ＰとＲは対戦しなかった。
イ：ＷはＴに負けた。
ウ：Ｓは決勝に進んだ。

このとき，確実にいえることは
次のうちどれか。

A：ＱとＶは１回戦で負けた。　　B：ＰとＳは対戦しなかった。
C：Ｕは１回戦で勝った。　　　　D：Ｗは１回戦で負けた。
E：ＳとＴは決勝で対戦した。

Point

わかりやすいものから検討していく。
　上問の場合，条件ウから，ＳがＲに勝ち，ＰかＱのどちらかに勝ったことがわかる。条件イから，ＴはＵに勝ち，ＷはＶに勝ったことがわかる。

解き方

　Ａ〜Ｅのうち，確実にいえるものを選べばよいので，自分にとってわかりやすいものから検討すればよい。
　E：条件ウから，Ｓは決勝に進んだことになる。また，条件
　　　イから，Ｔは２回戦でＷに勝ち，決勝に進んだことにな
　　　る。したがって，ＳとＴは決勝で対戦したことになるの
　　　で，これが確実にいえることになる。
　ＣとＤ：条件イから，Ｕは１回戦でＴに負け，Ｗは１回戦で
　　　Ｖに勝ったことになる。
　B：ＰとＱが１回戦で対戦し，どちらが勝ったかについては
　　　与えられた条件からはわからない。
　A：Ｖは１回戦でＷに負けたことは確実であるが，Ｑについ
　　　ては１回戦でＰに勝ったか負けたかはわからない。

解答 E

確認

　上問で読者が迷わされるのは，条件アの「ＰとＲは対戦しなかった」であろう。
　Ｒは１回戦でＳに負けているので，ＰあるいはＱと対戦することはあり得ないが，「ＰとＲは対戦しなかった」という記述から，"Ｐは１回戦でＱに負けた"と勘違いする人がたまにいる。

　A，B，C，D，Eの5チームが，野球の試合で総当たり戦（リーグ戦）を行った。その結果，次のことがわかった。

　ア：AはBに勝った。

　イ：BはDに勝ち，Cに負けた。

　ウ：Cは2勝2敗であった。

　エ：Dは3勝1敗であった。

　オ：EはAとCに勝ち，BとDに負けた。

このとき，次のうちで確実にいえるものはどれか。

　Ⅰ　Aは2勝2敗であった。

　Ⅱ　2勝2敗のチームは，2チームであった。

　Ⅲ　DはAが負けたチームにはすべて勝ったが，Aが勝ったチームには負けた。

　Ⅳ　Bは3勝1敗であった。

　Ⅴ　EはCが負けたチームには勝ったが，Cが勝ったチームには負けた。

Point

・下表のような表を作成すること。

・勝った場合には○，負けた場合には×をつけていく。

　○の数と×の数は等しくなる。

注意

　表を作成する場合，勝ち・負けを横（→）に表すものと，下表のように，勝ち・負けを縦（↓）に表すものとがある。

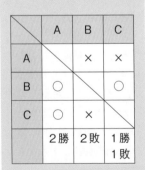

解き方

条件アより，AはBに対して○，BはAに対して×となる。

条件イより，BはDに対して○，DはBに対して×となり，BはCに対して×，CはBに対して○となる。

条件オより，EはAとCに対して○，AとCはEに対して×となる。また，EはBとDに対して×，BとDはEに対して○となる。

　次に，条件エに着目し，「Dは3勝1敗」であることから，「DはAとCに勝った」ことになる。よって，AとCはDに負けたことになる。

　条件ウに着目し，「Cは2勝2敗」であることから，「CはAに勝った」ことになる。よって，AはCに負けたことになる。

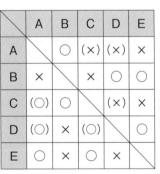

解答　Ⅲ

例題3

兄弟姉妹が5人いる家庭がある。P，Q，Rは互いの関係を次のように言った。

P：私の上には兄が2人，姉が1人いる。

Q：私の下には，弟が1人，妹が2人いる。

R：私の上には姉が2人いる。

次の推論ア～ウのうち，確実にいえるものはどれか。

ア　Qは上から2番目で男である。

イ　Pは下から2番目で女である。

ウ　Rは一番下で，女である。

A　アだけ　　　B　イだけ　　　C　ウだけ

D　アとイ　　　E　イとウ

Point

・順序関係を表す記号を使う。

・AとBの間に2人いるという場合 ➡ A―（　）―（　）―B

　　　　　　　　　　　または，B―（　）―（　）―A

・AはBの次の次という場合 ➡ B―（　）―A

解き方

Pの発言から，（男）―（男）―（女）―P……(1)

　ただし，男と女の順番は不明。

Rの発言から，（女）―（女）―R　　……(2)

―――――――――――― 順番は不明

(1)と(2)から，（男）―（男）―（女）―（女）―R

つまり，4番目はPで，　　　　　　　↓P

　　　Pが女であることも確定。

Qの発言から，Q―（男）―P（女）―（女）

　　　　　　　Q―（女）―P（女）―（男）

つまり，3番目と5番目が男か女かは不明。よって，Rが男か女か不明。

2番目であるQも男か女か不明。

以上より，確実にいえることは，Pは4番目で，女であるということ，だけである。

解答　B

あらゆる可能性を考える

当たり前のことだが，試験では「あらゆる可能性を考慮できる」かがチェックされる。

あらゆる可能性が考えられるのなら，仕事で失敗する確率は小さいと考えられているのかもしれない。

20　推　論　85

例題4

下図のようにアパートが3棟並んで建っている。ここに住んでいるA～Dの4人はおのおの次のように発言した。

A 「私の家は棟のはしにあり，1棟おいて真南にDさんの家があります。」

B 「私の家は棟のはしにあり，1棟おいた北側の棟にEさんの家があります。」

C 「私の家は，Bさんの家とEさんの家を結んだ直線上にあります。」

D 「私の家の西側にBさんの家があります。」

北

1	2	3	4

5	6	7	8

9	10	11	12

次の推論ア～ウのうち，確実にいえるものはどれか。

ア Aさんの家は4である。

イ Bさんの家は9である。

ウ Eさんの家は3である。

Ⅰ アだけ　　Ⅱ イだけ　　Ⅲ ウだけ
Ⅳ アとイ　　Ⅴ アとウ

Point
・与えられた条件をもとに図を作成する。
・図を作成するときに基準となるものを決める。
・与えられた条件を使う順番を考える。

注意

Aの発言の中で「真南」が使われていて，Bの発言の中で「真北」が使われていないので，"Eさんの家は「1」の可能性はない"と考えるのは早計である。

解き方

与えられた条件を組み合わせると，右図となる。A，B，Dは確定するが，CとEの位置を定めることはできない。

つまり，（E）－（C）－Bのケースと，《E》－《C》－Bのケースの2通りがある。

北

（E）		（E）	A

（C）	（C）		

B			D

解答 Ⅳ

練習問題　推　論　①

1　下の(1)～(4)の結果とトーナメント表から判断して正しいものは，次のうちどれか。

(1)　FはBに勝った。
(2)　AはEに負けた。
(3)　FはCに負けた。
(4)　DはCに勝った。

Ⅰ　Bはウである。
Ⅱ　Fはオである。
Ⅲ　Aはカである。
Ⅳ　Eはアである。
Ⅴ　Cはエである。

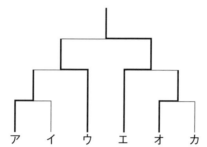

ア　イ　ウ　エ　オ　カ

コーチ

あらゆるケースについて考えてみよう。与えられた表を活用すること。

推理欄

2　P，Q，R，S，Tの5校がサッカーのリーグ戦を行った。この結果は，P校が3勝1敗，Q校が全勝，R校が2勝2敗，S校が全敗であった。このことから，T校の勝敗について，確実にいえることは次のうちどれか。

A　全勝だった。
B　3勝1敗だった。
C　2勝2敗だった。
D　1勝3敗だった。
E　全敗だった。

コーチ

全体での，勝ち数と負け数は同じになる。

推理欄

解答・解説　　推　論　①

1 解答 Ⅲ

解説　条件(1)と条件(3)から，「Fはアかオ」「Bはイかカ」「Cはウかエ」であることがわかる。

　これに，条件(4)を加えると，「Cはウ」であることが確定する。よって，「Fがア」「Bがイ」であることも確定する。もちろん，「Dがエ」であることも確定する。

　また，条件(2)から，「Aはカ」「Eはオ」であることも確定する。

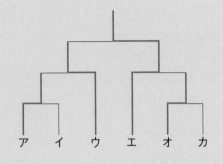

ア　イ　ウ　エ　オ　カ

2 解答 D

解説　勝ち数＝負け数

P校	3勝1敗
Q校	4勝0敗
R校	2勝2敗
S校	0勝4敗
	9勝7敗

　また，nチームで，総当たりが1回だけの場合の総試合数は，

$$_nC_2 = \frac{n(n-1)}{2} \Leftarrow 丸覚えしよう$$

よって，チームが5つの場合，

$$_5C_2 = \frac{5 \times (5-1)}{2} = 10（試合）$$

　総試合数が10であるので，合計の勝ち数は10，負け数も10。つまり，10勝10敗。したがって，T校は1勝3敗ということになる。

1　P～Uの6人が100m競走をした結果は次の通りである。

　ア：QはPの次の次にゴールした。

　イ：RはSの次の次にゴールした。

　ウ：PはSより早くゴールした。

　以上のことから，TとUの順位の組合わせとして考えられないものはどれか。

A　1位と2位　　　　B　1位と6位　　　　C　2位と5位

D　3位と4位　　　　E　5位と6位

コーチ

　条件アについては，
P─（　）─Q　というように表す。

推理欄

2　一戸建ての家が下図のように1～12番まで12軒並んでいる。ここに住んでいるP～T5人のうち，P～Sの4人が次のように言っている。

　P「Qの家とRの家とを結んだ線分上には私の家しかない。」

　Q「私の家の南側の列にSの家がある。」

　R「私の家の1軒おいて北側の家がTの家である。」

　S「私の家の1軒おいて東側の家がPの家である。」

北

1	2	3	4
5	6	7	8
9	10	11	12

　以上のことから，確実にいえるものはどれか。

ア　Tの家はQの家の西側の列にある。

イ　Pの家は7番である。

ウ　Qの家は2番か3番のどちらかである。

A　アだけ　　　B　イだけ　　　C　ウだけ

D　アとイ　　　E　イとウ

コーチ

「南側」と「真南側」とは違う。

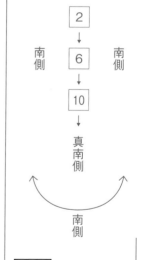

推理欄

1 解答 D

解説　条件アより，P—（　）—Q
条件イより，S—（　）—R
条件ウと，条件ア・イより，次の2通りの並びが考えられる。

> P—（　）—Q
> 　　S—（　）—R　　……(1)

> P—（　）—Q
> 　　　—S—（　）—R　　……(2)

Aについては，(1)より，T(U)—U(T)—P—S—Q—R
　　　　　　　　　　よって，1位と2位は考えられる。
Bについては，(1)より，T(U)—P—S—Q—R—U(T)
　　　　　　　　　　よって，1位と6位は考えられる。
Cについては，(2)より，P—T(U)—Q—S—U(T)—R
　　　　　　　　　　よって，2位と5位は考えられる。
Eについては，(1)より，P—S—Q—R—T(U)—U(T)
　　　　　　　　　　よって，5位と6位は考えられる。

2 解答 B

解説　P～Sの発言をもとに作図すると，図2と図3の2通りが考えられる。
　　なお，このタイプの問題の場合，Pの発言から順番に検討する必要はない。どの発言を最初に取り上げ，推理を展開するかを考える必要がある。
　　本問の場合，Sの発言をまず取り上げ，「S—P」を軸に考えることとする。次に，Qの発言を取り上げる。この場合，注意することは「真南側」の列ではなく，単なる「南側」の列ということ。

21 数表の読み取り

例　題

　下表は，主要国の自動車生産台数の推移を示したものである。次の各問いに答えなさい。

(単位：万台)

	1990年	2000年	2010年	2020年
日　　本	1,349	1,014	963	807
中　　国	47	207	1,827	2,523
韓　　国	132	312	427	351
ド　イ　ツ	498	553	591	374
イギリス	157	181	139	99
アメリカ	979	1,280	774	882

問1　2000年と2020年を比較して，生産台数が最も減少した国はどこか。

A　日本　　　B　韓国　　　C　ドイツ
D　イギリス　E　アメリカ

問2　2020年における中国の生産台数は1990年における韓国の生産台数の約何倍か。

A　8倍　　　B　12倍　　　C　16倍
D　20倍　　　E　24倍

問3　1990年と2000年を比較して，生産台数の増加率が3番目に高い国はどこか。

A　日本　　　B　韓国　　　C　ドイツ
D　イギリス　E　アメリカ

問4　2010年と2020年を比較して，生産台数が減少した国は何か国あるか。

A　1か国　　　B　2か国　　　C　3か国
D　4か国　　　E　5か国

> ・与えられた数表を100%理解すること。
> ・問1は生産台数の減少数を問うものであるのに対し，問3は生産台数の増加率を問うものである。つまり，問1は実数（減少数，増加数），一方，問3は増減率（増加率，減少率）を問うものである。
> ・計算は最後まで行うことはない。計算は必要最低限度にとどめること。

Point

正確に計算する必要はナシ

要は質問されていることに正確に答えればよいのだから，"これは間違い"と判断できるなら，あるいは判断できた時点で，計算する必要はない。

SPIでは，正確さとともにスピードを求められていることを決して忘れないこと。

（解 き 方）

各問いとも，何が問われているかをしっかり把握しよう。

問1 中国は生産台数が飛躍的に増加しているので，対象外となる。また，韓国も増加している。

よって，日本，ドイツ，イギリス，アメリカについて検討すればよいが，この際，概算してみることがポイントである。

日本の場合，1,000−800＝200，ドイツの場合，550−370＝180，イギリスの場合，180−100＝80，アメリカの場合，1,300−900＝400　よって，アメリカとなる。

問2 2020年における中国の生産台数は2,523，1990年における韓国の生産台数は132。よって，次のように計算する。

2,500÷130≒19.0　よって，Dの20倍が正解となる。

問3 両年を比較して，生産台数が増加したのは，中国，韓国，ドイツ，アメリカの4か国である。これらのうち，中国の増加率が最も高く，2番目は韓国であると容易に判断がつく。よって，ドイツとアメリカについて概算する。

ドイツの場合，550÷500＝1.1

アメリカの場合，1,300÷1,000＝1.3　よって，3番目はアメリカとなる。

問4 両年を比較して，生産台数が減少したのは，日本，韓国，ドイツ，イギリスの4か国である。

解答　問1—E　　問2—D
　　　問3—E　　問4—D

下表は，5つの映画館P〜Tの，ある日の総入場者数，前売券利用者の割合，当日券売上高を示したものである。次の各問いに答えなさい。

なお，総入場者数＝前売券利用者数＋当日券購入者数

コーチ

総入場者数＝前売券利用者数＋当日券購入者数　に注目しよう。

計算欄

	総入場者数 （人）	前売券利用者 の割合(%)	当日券売上高 （円）
P館	160	40	115,200
Q館	200	50	100,000
R館	100	30	91,000
S館	150	40	117,000
T館	180	60	108,000

問1　当日券購入者数が最も多い映画館はどこか。

　　A　P館　　　　B　Q館　　　　C　R館
　　D　S館　　　E　T館

問2　当日券価格が最も高い映画館はどこか。

　　A　P館　　　　B　Q館　　　　C　R館
　　D　S館　　　E　T館

問3　P館の当日券価格はいくらか。

　　A　1,000円　　　B　1,100円　　C　1,200円
　　D　1,300円　　　E　1,400円

問1　解答　B

解説　総入場者数＝前売券利用者数＋当日券購入者数

100％＝前売券利用者の割合＋当日券購入者の割合

したがって，与えられた表より，当日券購入者の割合は次のようになる。

P館→60％，Q館→50％，R館→70％

S館→60％，T館→40％

各館の総入場者数×当日券購入者の割合より，各館の当日券購入者数は次のようになる。

P館→160×0.6＝96（人）

Q館→200×0.5＝100（人）

R館→100×0.7＝70（人）

S館→150×0.6＝90（人）

T館→180×0.4＝72（人）

問2　解答　E

解説　当日券価格＝当日券売上高÷当日券購入者数

よって，P館の場合，当日券売上高→115,200円

当日券購入者数→96人

P館の当日券価格＝115,200÷96

＝1,200（円）

各館の当日券価格は次のようになる。

P館	1,200円
Q館	1,000円
R館	1,300円
S館	1,300円
T館	1,500円

上表より，当日券価格が最も高い映画館はT館となる。

問3　解答　C

解説　上表より，P館の当日券価格は1,200円となる。

22 図表の読み取り

例 題

円グラフはある国のX年とY年の輸出内訳である。この円グラフと輸出総額から，次の各問いに答えなさい。

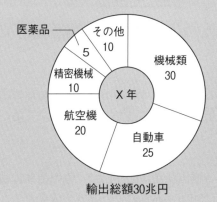

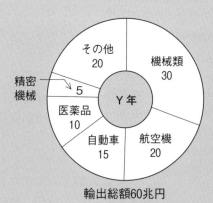

輸出総額30兆円

輸出総額60兆円

問1 X年における自動車の輸出額はいくらか。

A 6.0兆円　　B 6.5兆円　　C 7.0兆円
D 7.5兆円　　E 8.0兆円

問2 Y年における機械類の輸出額はX年における機械類の輸出額の何倍か。

A 1.0倍　　B 1.5倍　　C 2.0倍
D 2.5倍　　E 3.0倍

問3 Y年における自動車の輸出額はX年における医薬品の輸出額の何倍か。

A 3.0倍　　B 4.0倍　　C 5.0倍
D 6.0倍　　E 8.0倍

問4 Y年における航空機の輸出額はX年における精密機械の輸出額よりも何兆円多いか。

A 7.0兆円　　B 7.5兆円　　C 8.0兆円
D 8.5兆円　　E 9.0兆円

- 円グラフは，常に構成比の内訳を表すもので，円内にそれぞれの内訳の数値が記入されている。
- 円グラフの場合，単位は必ず％であるので，％が記入されていない円グラフもある。
- 構成比とは，いくつかの要素から成る１つのものの中に占めるそれぞれの要素の割合のことで，合計は必ず100％になる。

別解

　問２の場合，次のように解くこともできる。

　Ｘ年，Ｙ年とも，機械類の輸出全体に占める構成比は30％で，同じである。

　Ｘ年の輸出総額は60兆円，Ｘ年の輸出総額は30兆円で，Ｙ年のそれはＸ年の２倍である。

　つまり，輸出総額が２倍で，構成比は同じであるので，Ｙ年の機械類の輸出額はＸ年の機械類の輸出額の２倍になる。

解き方

　円グラフとともに，その下に示された「輸出総額」に着目する。

問1　Ｘ年における輸出総額は30兆円で，輸出全体に占める自動車の構成比は25％であるので，次式が成立する。
$$30 \times 0.25 = 7.5 \text{（兆円）}$$

問2　Ｙ年における輸出総額は60兆円で，輸出全体に占める機械類の構成比は30％であるので，次式が成立する。
$$60 \times 0.3 = 18 \text{（兆円）}$$
　一方，Ｘ年における輸出総額は30兆円で，輸出全体に占める機械類の構成比は30％であるので，次式が成立する。
$$30 \times 0.3 = 9 \text{（兆円）}$$
　したがって，$18 \div 9 = 2$（倍）

問3　Ｙ年における自動車の輸出額は，
$$60 \times 0.15 = 9 \text{（兆円）}$$
　一方，Ｘ年における医薬品の輸出額は，
$$30 \times 0.05 = 1.5 \text{（兆円）}$$
　したがって，$9 \div 1.5 = 6$（倍）

問4　Ｙ年における航空機の輸出額は，
$$60 \times 0.2 = 12 \text{（兆円）}$$
　Ｘ年における精密機械の輸出額は，
$$30 \times 0.1 = 3 \text{（兆円）}$$
　したがって，$12 - 3 = 9$（兆円）

解答　問１—Ｄ　　問２—Ｃ
　　　　　問３—Ｄ　　問４—Ｅ

下図は，X国とY国の産業別就業人口を百分率で示したものである。次の各問いに答えなさい。ただし，X国の第3次産業の就業人口とY国の第1次産業の就業人口は同じである。

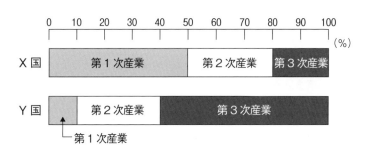

問1　Y国の第2次産業の就業人口は，X国の第2次産業の就業人口の何倍か。

　　　A　1.0倍　　　B　1.5倍　　　C　2.0倍
　　　D　2.5倍　　　E　3.0倍

問2　Y国の第3次産業の就業人口は，X国の第1次産業の就業人口の何倍か。

　　　A　2.0倍　　　B　2.4倍　　　C　3.0倍
　　　D　3.6倍　　　E　4.0倍

問3　X国とY国の就業人口をあわせ，X国とY国を一体としてみると，第2次産業の就業人口の全体に占める構成比はいくらか。

　　　A　30%　　　B　35%　　　C　40%
　　　D　45%　　　E　50%

コーチ

「X国の第3次産業の就業人口とY国の第1次産業の就業人口は同じである」というただし書きに注目しよう。

計算欄

問1 解答 C

解説　まず注目することは，問題文の「ただし，X国の第3次産業の就業人口とY国の第1次産業の就業人口は同じである」というただし書き。

図から，X国とY国の産業別就業人口の百分率をみると，次のようになっている。

	第1次産業	第2次産業	第3次産業
X国	50%	30%	20%
Y国	10%	30%	60%

ただし書きによれば，X国の第3次産業の就業人口とY国の第1次産業の就業人口が同じであるので，X国の総就業人口をx（人），Y国の総就業人口をy（人）とすると，次式が成立する。

$$0.2x=0.1y \qquad 2x=y \qquad y=2x$$

Y国の第2次産業の就業人口は，$0.3\times y=0.3y=0.3\times2x=0.6x$

X国の第2次産業の就業人口は，$0.3\times x=0.3x$

したがって，$0.6x\div0.3x=2$（倍）

問2 解答 B

解説　Y国の第3次産業の就業人口は，$0.6\times y=0.6y=0.6\times2x=1.2x$

X国の第1次産業の就業人口は，$0.5\times x=0.5x$

したがって，$1.2x\div0.5x=2.4$（倍）

問3 解答 A

解説　X国の就業人口はx，Y国の就業人口はyであるので，これらをあわせると，

$$x+y=x+2x=3x$$

X国の第2次産業の就業人口は$0.3x$，Y国の第2次産業の就業人口は$0.3y$

よって，これらをあわせると，

$$0.3x+0.3y=0.3x+0.3\times2x=0.3x+0.6x=0.9x$$

したがって，求めるものは，

$$0.9x\div3x=0.9\div3=0.3 \qquad つまり，30\%$$

23 約数・倍数，剰余系

例題1

120と180の最大公約数と最小公倍数の和をNとすると，Nはいくらになるか。

A 360 B 380 C 400
D 420 E 440

Point

まず，120と180をそれぞれ素因数分解する。
素因数分解とは，整数を素因数の積の形にすること。
例えば，20と30をそれぞれ素因数分解すると，

$20 = \underline{2 \times 2} \times 5 = 2^2 \times 5$
$30 = 2 \times 3 \times 5$

⑳ 同じ素因数は指数を使って表す。

解き方

120を素因数分解すると，
$\quad 120 = 2 \times 2 \times 2 \times 3 \times 5 = 2^3 \times 3 \times 5$
180を素因数分解すると，
$\quad 180 = 2 \times 2 \times 3 \times 3 \times 5 = 2^2 \times 3^2 \times 5$
よって，$120 = 2^3 \times 3 \times 5 = \underline{(2^2 \times 3 \times 5)} \times ②$
$\qquad 180 = 2^2 \times 3^2 \times 5 = \underline{(2^2 \times 3 \times 5)} \times ③$

↓
したがって，最大公約数 $= 2^2 \times 3 \times 5 = 60$
$\qquad\quad$ 最小公倍数 $= (2^2 \times 3 \times 5) \times 2 \times 3$
$\qquad\qquad\qquad = 60 \times 2 \times 3$
$\qquad\qquad\qquad = 360$

以上より，
$\quad N = $ 最大公約数＋最小公倍数
$\qquad = 60 + 360$
$\qquad = 420$

解答 D

素数

素数とは，1より大きい整数で，1とその数以外に約数をもたない数のこと。なお，1は素数ではない。
素数の例としては次のものなどがある。
2, 3, 5, 7, 11, 13, 17, 19
また，因数とは，整数をいくつかの数の積に分けたときの，1つ1つのものをいう。

例題2

47，63，79のどれをMで割っても7余る。このとき，Mはいくらか。

A　4　　　B　6　　　C　8
D　10　　 E　12

Point

$47 \div M = R \cdots 7$　　$47 - 7 = 40 = M \times R$

$63 \div M = S \cdots 7$　　$63 - 7 = 56 = M \times S$

$79 \div M = T \cdots 7$　　$79 - 7 = 72 = M \times T$

上記の式が成立するとき，通常，Mは，40，56，72の最大公約数である可能性が高い。

確認

31，45，59のどれを7で割っても3余る。

$31 \div 7 = 4 \cdots 3$

$45 \div 7 = 6 \cdots 3$

$59 \div 7 = 8 \cdots 3$

31，45，59のどれを14で割っても3余る。

$31 \div 14 = 2 \cdots 3$

$45 \div 14 = 3 \cdots 3$

$59 \div 14 = 4 \cdots 3$

解き方

$\dfrac{47}{M} = R \cdots 7$　　$\therefore 47 = M \times R + 7$

（Rは商）　　　　$47 - 7 = MR$

　　　　　　　　　$40 = MR$

$\dfrac{63}{M} = S \cdots 7$　　$\therefore 63 = M \times S + 7$

（Sは商）　　　　$63 - 7 = MS$

　　　　　　　　　$56 = MS$

$\dfrac{79}{M} = T \cdots 7$　　$\therefore 79 = M \times T + 7$

（Tは商）　　　　$79 - 7 = MT$

　　　　　　　　　$72 = MT$

このとき，Mは，40，56，72の最大公約数である可能性が高いので，それを求めると，

$$2 \,)\, \underline{40 \quad 56 \quad 72}$$
$$2 \,)\, \underline{20 \quad 28 \quad 36}$$
$$2 \,)\, \underline{10 \quad 14 \quad 18}$$
$$\;\, 5 \quad\;\, 7 \quad\;\, 9$$

したがって，$M = 2 \times 2 \times 2 = 8$

解答　C

1　Pは，12，18，30のどれで割っても8余る数のうち最も小さい数である。このとき，Pはいくらか。

A　188　　B　216　　C　248

D　262　　E　284

コーチ

「P₁は，……最も小さい数である。」に着目。すなわち，最小公倍数を考えてみる。

計算欄

2　1〜100までの数で，3の倍数でも，5の倍数でもない数の個数はいくつか。

A　47　　B　49　　C　51

D　53　　E　55

コーチ

最小公倍数に関する問題である。

計算欄

3　2つの正の整数をかけると7,840になる。2つの整数の最大公約数が28であるとき，最小公倍数はいくらか。

A　240　　B　260　　C　280

D　300　　E　320

コーチ

2つの整数をX，Yとし，最大公約数をG，最小公倍数をLとすると，XY＝LGが成立する。

計算欄

1 解答 A

解説　Pを12, 18, 30で割ったときの商を，Q_1, Q_2, Q_3とおく。すると，次式が成立する。

$$\frac{P}{12}=Q_1\cdots8 \qquad \frac{P}{18}=Q_2\cdots8 \qquad \frac{P}{30}=Q_3\cdots8$$

$$\therefore P=12Q_1+8 \qquad P=18Q_2+8 \qquad P=30Q_3+8$$

このとき，Pは，12, 18, 30の最小公倍数に8を加えた数である可能性が高いので，12, 18, 30の最小公倍数を求める。

$$
\begin{array}{r}
2\,)\,\underline{12 \quad 18 \quad 30} \\
3\,)\,\underline{6 \quad 9 \quad 15} \\
2 \quad 3 \quad 5
\end{array}
$$

　最小公倍数$=2\times3\times2\times3\times5$
　　　　　　$=180$

したがって，$P=(2\times3\times2\times3\times5)+8$
　　　　　　　　$=180+8$
　　　　　　　　$=188$

2 解答 D

解説　1〜100までの整数で，3の倍数は（3，6，……99）で，合計33個。5の倍数は（5，10，……100）で，合計20個。そして，3と5の最小公倍数の15の倍数は（15，30，……90）で，合計6個。

したがって，求めるものは，$100-(33+20-6)=100-47=53$

3 解答 C

解説　2つの整数をX，Yとし，最大公約数をG，最小公倍数をLとすると，次式が成立する。

$$X=X'G\cdots\cdots① \qquad Y=Y'G\cdots\cdots② \quad (X', Y'は互いに素)$$

①×②より，$X\times Y=X'G\times Y'G=X'Y'G^2$

$\qquad L=X'Y'G$であることから，$X'Y'G^2=LG$

$\therefore XY=LG\cdots\cdots③$

$\qquad XY=7,840\cdots\cdots④ \qquad G=28\cdots\cdots⑤$

④と⑤を③に代入すると，

$\qquad 7,840=L\times28$
$\qquad\quad \therefore L=280$

24 記 数 法

例題 1

3進法で表された2101を2で割ったときの商を4進法で表したものはどれか。

A 123	B 200	C 212
D 300	E 320	

> **Point**
>
> **P進法で表された数を10進法になおす方法**
>
> たとえば，P進法で，N＝abcと表された数は，次のように
> して10進法になおす。
>
> $N＝a×p^{3-1}＋b×p^{2-1}＋c$

解 き 方

まず，3進法で2101と表された数を10進法になおす。

$2×3^{4-1}＋1×3^{3-1}＋0×3^{2-1}＋1$

$＝2×3^3＋1×3^2＋0×3＋1$

$＝2×3×3×3＋1×3×3＋0＋1$

$＝2×27＋1×9＋1$

$＝54＋9＋1$

$＝64$

つまり，3進法で2101と表された数は10進法では64となる。
よって，題意より，

$64÷2＝32$

次に，10進法で表された
32を4進法になおすと，
右のようになる。つまり，
200となる。

```
4) 32
4)  8…⓪
    ②…⓪
```

また，10進法で表された
32を5進法になおすと，
右のようになる。つまり，112
となる。

```
5) 32
5)  6…②
    ①…①
```

10進法をP進法になおす方法

10進法の65を6進法になおす場合，下に示すように，65を順に6で割っていき，余りを右側に書き，商が6より小さくなったところでストップする。すると，6進法では145となる。

```
6) 65
6) 10…5
    1…4
```

解答 B

---

24 記 数 法 103

例題2

6進法で示された45と54の積の各位の数を合計するといくつになるか。ただし，和も6進法で求めるものとする。

A 15 B 20 C 22
D 24 E 30

P進法で表された数を計算する場合，いったん10進法になおして計算する。そして，10進法で表された数を再びP進法になおす。

参考

6進法でそのまま計算すると，下のようになる。

```
    45
  × 54
   312
  401
  4322
```

10	6	10	6
1	1	16	24
2	2	17	25
3	3	18	30
4	4	19	31
5	5	20	32
6	10	21	33
7	11	22	34
8	12	23	35
9	13	24	40
10	14	25	41
11	15	26	42
12	20	27	43
13	21	28	44
14	22	29	45
15	23	30	50

㊟上記の⑩は10進法，⑥は6進法を表す。

解き方

まず，45，54をそれぞれ10進法の数字になおす。

$45 \rightarrow 4 \times 6^{2-1} + 5 = 4 \times 6 + 5 = 29$

$54 \rightarrow 5 \times 6^{2-1} + 4 = 5 \times 6 + 4 = 34$

よって，$29 \times 34 = 986$

10進法で表された986を6進法になおすと，右のようになり，4322となる。

したがって，各位の和は，

$4 + 3 + 2 + 2 = 11$

これを6進法になおすと，右のようになり，15となる。

```
6 ) 986
6 ) 164…2
6 )  27…2
      4…3
```

```
6 ) 11
     1…5
```

解答 A

記　数　法

1　4進法で表された1221を5で割ったときの商を2進法で表したものはどれか。

A　10010　　B　10011　　C　10100

D　10101　　E　10110

コーチ

　まず，4進法で表された1221を10進法になおす。

計算欄

2　7進法で表した下の計算式の空欄にあてはまるものはどれか。

$$24 \times 13 - \square = 242$$

A　103　　B　112　　C　121

D　132　　E　143

コーチ

　まず，7進法で表された24，13，242を10進法になおす。

計算欄

1 |解答| D

|解説|　まず，4進法で1221と表された数を10進法になおす。

$$1×4^{4-1}+2×4^{3-1}+2×4^{2-1}+1$$
$$=1×4×4×4+2×4×4+2×4+1$$
$$=64+32+8+1$$
$$=105$$

よって，題意より，$105÷5=21$

次に，21を2進法になおすと，

右のようになる。つまり，10101となる。

```
2) 21
2) 10…1
2)  5…0
2)  2…1
    1…0
```

2 |解答| A

|解説|　まず，7進法で24，13，242と表された数を，それぞれ10進法になおす。

〈24の場合〉　　　$2×7^{2-1}+4$
　　　　　　　　$=2×7+4$
　　　　　　　　$=18$

〈13の場合〉　　　$1×7^{2-1}+3$
　　　　　　　　$=1×7+3$
　　　　　　　　$=10$

〈242の場合〉　　$2×7^{3-1}+4×7^{2-1}+2$
　　　　　　　　$=2×7×7+4×7+2$
　　　　　　　　$=98+28+2$
　　　　　　　　$=128$

したがって，与えられた計算式は，10進法では次のようになる。

$$18×10-□=128$$
$$180　-□=128$$
$$□=180-128$$
$$=52$$

10進法の52を7進法になおすと，

右のようになり，103となる。

```
7) 52
7)  7…3
    1…0
```

以上より，$24×13-\boxed{103}=242$

25 ブラックボックス

例題

下のような，X，Y，Zの3種類のブラックボックスがある。

m_1 → X → N_1　　　7,1 → X → 1　　　4,5 → X → 4
m_2

m_1 → Y → N_2　　　10,13 → Y → 13　　　9,21 → Y → 21
m_2

m_1 → Z → N_3　　　3,5 → Z → 8　　　15,12 → Z → 27
m_2

① それぞれのブラックボックスに数値を入力した。結果が正しいものをすべて挙げているものはどれか。

ア 10,5 → Z → 10

イ 6,12 → X → 6

ウ 8,7 → Y → 7

エ 13,17 → X → 17

オ 6,15 → Z → 21

A ア，ウ
B ア，エ
C イ，エ
D イ，オ
E ウ，オ

② 次の操作を行った。Nの値として正しいものはどれか。

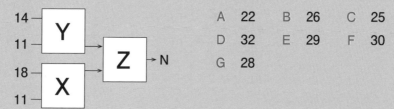

A 22　　B 26　　C 25
D 32　　E 29　　F 30
G 28

ブラックボックスの見方を理解することがポイントである。

$2 \rightarrow$ ブラックボックス X $\rightarrow 2$
$4 \rightarrow$

$8 \rightarrow$ ブラックボックス X $\rightarrow 5$
$5 \rightarrow$

2と4を入れて，2が出ている。8と5を入れて，5が出ている。これから，このブラックボックスに数字を入れたら，小さい方の数字が出てくるとわかる。

確認

ブラックボックスには，さまざまなタイプのものがある。

たとえば，

$15 \rightarrow$ ブラック ボックス $\rightarrow 6$
$9 \rightarrow$

上記のブラックボックスは，15−9＝6 つまり，2つの数字を減算したものを出す。

$4 \rightarrow$ ブラック ボックス $\rightarrow 28$
$7 \rightarrow$

上記のブラックボックスは，4×7＝28 つまり，2つの数字を乗算したものを出す。

解 き 方

X，Y，Zのブラックボックスがどのようなブラックボックスであるかを考えてみる。

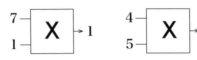

この結果，Xは小さい方の数字を出すとわかる。

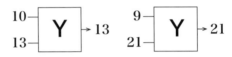

この結果，Yは大きい方の数字を出すとわかる。

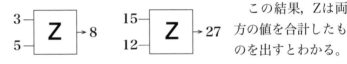

この結果，Zは両方の値を合計したものを出すとわかる。

① ア：誤り。Zは両方の値を合計したものを出すので，
　　　10＋5＝15が正しい。
　イ：正しい。Xは小さい方の数字を出す。
　ウ：誤り。この場合，Yは8を出す。
　エ：誤り。この場合，Xは13を出す。
　オ：正しい。6＋15＝21

解答　D

②

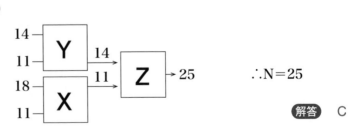

∴N＝25

解答　C

練習問題　ブラックボックス

X，Y，Zの3種類のブラックボックスがある。

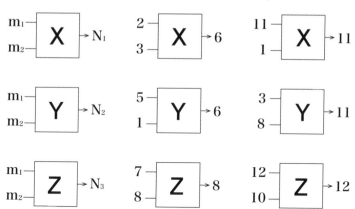

コーチ

　Xのブラックボックスがどういうブラックボックスかを知る場合，最初に2つの数字を足してみることである。つまり，2+3=5
よって，5≠6

　次に，2つの数字の大小を比べてみる。しかし，Xからは6が出ているので，大小の関係でもないことがわかる。

① 次の操作を行った。Nの値として正しいものはどれか。

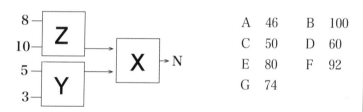

A　46	B　100
C　50	D　60
E　80	F　92
G　74	

　Z，Yから，何が出てくるかを考え，それを記入してみる。
　そして，出てきた2つの数字をもとに，Xから何が出てくるかを考える。

② 次の操作を行った。Nの値として正しいものはどれか。

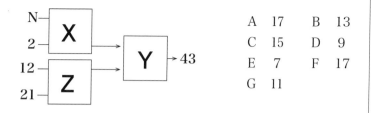

A　17	B　13
C　15	D　9
E　7	F　17
G　11	

　Xからは，Nと2を乗算したもの，すなわちN×2＝2Nが出る。

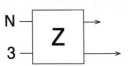

③ 次の操作を行った。Nの値として正しいものはどれか。

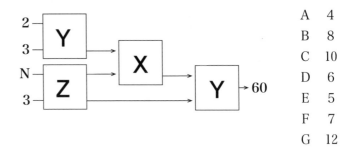

A	4
B	8
C	10
D	6
E	5
F	7
G	12

上記のように，Zから2つのものが出ているが，これら2つのものは同じ数字である。

解答・解説　　ブラックボックス

① 解答 E

解説

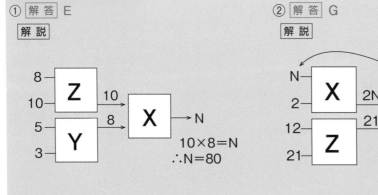

$10 \times 8 = N$
$\therefore N = 80$

② 解答 G

解説

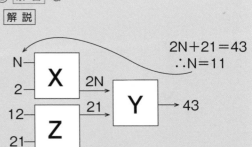

$2N + 21 = 43$
$\therefore N = 11$

③ 解答 C

解説

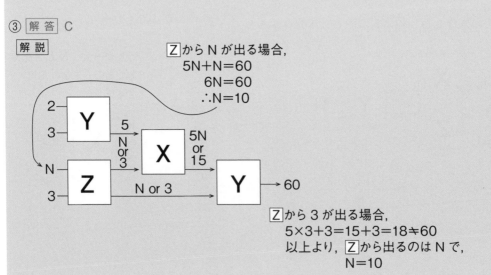

$\boxed{Z}$ から N が出る場合，
$5N + N = 60$
$6N = 60$
$\therefore N = 10$

$\boxed{Z}$ から 3 が出る場合，
$5 \times 3 + 3 = 15 + 3 = 18 \neq 60$
以上より，$\boxed{Z}$ から出るのは N で，
$N = 10$

26 料金表の見方

例題

　下表は，東海道・山陽新幹線（のぞみ）の料金表であり，上段は運賃，中段は指定席特急料金，下段は自由席特急料金である。この表を見て，各問いに答えなさい。

駅名	東京					
新横浜	170 2,500 870	新横浜				
名古屋	6,380 4,920 4,180	5,720 4,920 4,180	名古屋			
京都	8,360 5,810 4,960	8,030 5,470 4,620	2,640 3,270 2,530	京都		
新大阪	8,910 5,810 4,960	8,580 5,810 4,960	3,410 3,270 2,530	570 2,500 870	新大阪	
博多	14,080 9,310 8,140	13,750 9,310 8,140	11,330 7,560 6,500	10,010 6,350 5,390	9,790 5,810 4,960	博多

問1　東京から新大阪まで指定席で行くといくらかかるか。
　　A　14,390円　　　B　13,970円　　　C　14,720円　　　D　15,200円
　　E　13,870円　　　F　14,840円　　　G　13,540円

問2　京都から10,000円以内で行けるところをすべて挙げているのはどれか。
　　A　新大阪　　　B　名古屋，新大阪
　　C　新横浜，名古屋，新大阪
　　D　新横浜，名古屋，新大阪，博多

問3　新横浜から新大阪まで自由席で行くといくらかかるか。
　　A　13,540円　　　B　15,040円　　　C　15,600円　　　D　14,570円
　　E　16,780円　　　F　13,760円　　　G　14,390円

問4　博多から名古屋まで指定席で行った場合，新大阪から東京まで自由席で行くのより，料金はいくら多くかかるか。

A	4,460円	B	5,240円	C	4,980円	D	5,340円
E	5,020円	F	6,080円	G	4,860円		

Point

まず，与えられた料金表の見方をマスターすること。

駅名	東京		
新横浜	170 2,500 870	新横浜	
名古屋	6,380 4,920 4,180	5,720 4,920 4,180	名古屋

東京－名古屋間の場合，運賃は6,380円，指定席料金は，4,920円，自由席料金は4,180円である。よって，東京－名古屋間を指定席で行く場合は，6,380＋4,920＝11,300（円）かかる。

一方，自由席で行く場合は，6,380＋4,180＝10,560（円）かかる。

確認

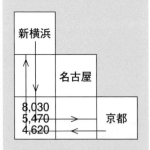

新横浜－京都間の料金を見る場合，新横浜を起点にして京都にたどりつく方法が1つ。もう1つは，京都を起点にして新横浜にたどりつく方法がある。

解き方

問1　東京—新大阪間の場合，運賃は8,910円，指定席料金は5,810円。よって，8,910＋5,810＝14,720（円）かかる。

解答　C

問2　京都—新大阪間を自由席で行く場合，570＋870＝1,440（円）　京都—名古屋間を自由席で行く場合，2,640＋2,530＝5,170（円）　京都—新横浜間を自由席で行く場合，8,030＋4,620＝12,650（円）　京都—博多間を自由席で行く場合，10,010＋5,390＝15,400（円）

解答　B

問3　新横浜—新大阪間を自由席で行くと，運賃が8,580円，自由席料金が4,960円。よって，8,580＋4,960＝13,540（円）

解答　A

問4　博多—名古屋間を指定席で行く場合，11,330＋7,560＝18,890（円）　新大阪—東京間を自由席で行く場合，8,910＋4,960＝13,870（円）　以上より，求めるものは，18,890－13,870＝5,020（円）

解答　E

料金表の見方

ガス料金の算定方法が下のように示されている。表を見て，各問いに答えなさい。

〈算定方法〉

料金＝基本料金＋従量料金単価×ガス使用量

1か月間のガス使用量が50m³の場合，

料金＝1,400＋（110×50）＝1,400＋5,500＝6,900（円）

1か月のガス使用量	基本料金 （1か月あたり）	従量料金単価 （1m³ あたり）
0m³ から 25m³ まで	720 円	130 円
25m³ をこえ 500m³ まで	1,400 円	110 円
500m³ をこえる場合	6,900 円	100 円

問1　佐藤君の3月のガス使用量は24m³であった。3月のガス料金はいくらか。

A　3,600円　　　B　3,920円　　　C　4,160円

D　3,840円　　　E　3,720円

問2　出川さんは3人家族であり，5月のガス使用量は85m³であった。5月のガス料金はいくらか。

A　10,070円　　　B　10,750円　　　C　11,770円

D　　9,900円　　　E　12,450円

問3　S社の7月のガス使用量は780m³であった。同社の7月のガス料金はいくらか。

A　84,900円　　　B　78,720円　　　C　85,300円

D　79,400円　　　E　92,700円

問4　11月末にガス料金の改定が行われ，1か月のガス使用量が500m³をこえる場合，基本料金は8,900円，従量料金単価は90円となった。T社の12月のガス使用量が1,200m³であったとき，改定前に比べて，12月のガス料金はいくら安くなったか。

A　　8,200円　　　B　8,800円　　　C　　9,400円

D　10,000円　　　E　10,600円

コーチ

算定方法が示されてあるので，与えられた表と照らし合わせながら，その方法をマスターすること。

計算欄

問1　[解答]　D

[解説]　佐藤君の3月のガス使用量は24m³であるので，与えられた表から，基本料金は720円となる。

また，ガス使用量は24m³であるので，従量料金＝従量料金単価×ガス使用量より，

従量料金＝130×24＝3,120（円）

以上より，求めるものは，720＋3,120＝3,840（円）

問2　[解答]　B

[解説]　出川さんの5月のガス使用量は85m³であるので，基本料金は1,400円，

従量料金＝110×85＝9,350（円）。

以上より，求めるものは，1,400＋9,350＝10,750（円）

問3　[解答]　A

[解説]　S社の7月のガス使用量は780m³であるので，基本料金は6,900円，

従量料金＝100×780＝78,000（円）。

以上より，求めるものは，6,900＋78,000＝84,900（円）

問4　[解答]　D

[解説]　ガス使用量が1,200m³の場合，〔改定前〕と〔改定後（12月）〕のガス料金は次のようになる。

〔改定前〕

6,900＋1,200×100＝6,900＋120,000＝126,900（円）

〔改定後（12月）〕

8,900＋1,200×90＝8,900＋108,000＝116,900（円）

以上より，126,900－116,900＝10,000（円）

つまり，改定前に比べて，12月のガス料金は10,000（円）安くなった。

PART2

言語分野

1　同意語・反意語

例題1

次の語句の同意語を選びなさい。

「没　頭」

A　専　念　　B　執　念　　C　執　着
D　気　鋭　　E　専　属

> **Point**
>
> ・その語句に最も意味が近いものを探す。
> ・自信がないときは，確実に消せるものから消していく。
> ・完全な文でなくてもOKだから，その語句を使って例文をつくってみる。
>
> どんなもの？
>
> "没頭"のイメージは
>
> そのイメージを大切にしよう!!

同意語とは？

　同意語とは同じ意味の熟語のこと。しかし，まったく同じ意味の熟語はほとんどないため，同意語は反意語に比べ，その数はすこぶる少ない。

　ただし，SPIで出題されている同意語は，一般にいうところの類義語に近いものである。したがって，その点を十分認識しておくことが重要となる。

解き方

　国語辞典によれば，"没頭"とは「そのこと以外のすべてを忘れて熱中すること」。したがって，没頭といえば"熱中"ということになるので，これに最も近いものを選べばよい。

　その際，Aの専念の意味は「～」，Bの執念の意味は「……」ということだからというように，1つひとつていねいにその意味を確認していたら，時間的にも精神的にも負担が大きくなる。やはり，ここは"イメージ"を重視して"熱中"と最も近い"イメージ"のものを選べばよい。すると，Aの「専念」に行きつく。

イメージ　　　　　イメージ

没　頭　　　　　専　念

解答　A

116

例題２

次の語句の反意語を選びなさい。

「単　純」

A　延　長　　　B　簡　単　　　C　純　粋
D　複　雑　　　E　面　倒

Point

・示された漢字と反対の意味の漢字を含むものを探す。
・自信がないときは，A〜Eについて１つひとつ検討し，
　確実に消せるものから１つひとつ消していく。
・反意語の構成については，普遍的な原則はな
　い。いろいろなパターンがある。

単　線
↑
↓
複　線　　鉄道

解き方

　反意語にはいろいろなパターンがあるが，「単←→複」「善
←→悪」「遠←→近」「軽←→重」「増←→減」「上←→下」「厚
←→薄」「前←→後」などの"意味が対立する字"をもとに多
くの反意語がつくられている。したがって，反意語の問題では，
"意味が対立する字"がないか，まずここに注目する必要があ
る。

反意語のパターン

　これには大別して，次の４つがある。
①意味が対立する漢字を両方含むもの
　　上昇←→下降　　　　増進←→減退
　　軽薄←→重厚　　　　広大←→狭小
②意味が対立する漢字を１つ含むもの
　　善意←→悪意　　　　正常←→異常
　　輸出←→輸入　　　　喜劇←→悲劇
③打ち消しの漢字を用いたもの
　　清潔←→不潔　　　　肯定←→否定
　　当番←→非番　　　　道理←→無理
④全体として対立する意味をもつもの
　　消費←→生産　　　　需要←→供給
　　賛成←→反対　　　　紳士←→淑女

反意語を考えてみよう

　漢字の実力向上の方法の
１つとして，反意語を考え
てみることが挙げられる。
"「完成」の反意語は何
か"と聞かれても，「着
手」とはなかなか出てこな
い。
　「白昼←→深夜」も言わ
れれば"なるほど"と納得
するが，自分では思いつか
ないことが多い。これらを
１つひとつ，自分で考えて
みよう。

解答　D

例題3

はじめに示された二語の関係を考え，これと同じ関係になるような語句を選びなさい。

① 同 感：共 感――手 本：□□□□
   A 標 準   B 形 式   C 模 範
   D 典 型   E 様 式

② 運 動：静 止――設 立：□□□□
   A 脱 退   B 解 散   C 散 会
   D 流 会   E 創 立

Point

・上記の問題形式は，「二語の関係」の中で出題されるものである。つまり，同意語，反意語は独立して出題されることもあれば，「二語の関係」の1つとして出題されることもある。
・同意語と反意語とが一緒に出題されると，あせってしまって，同意語の関係とわかっていても，勘違いして反意語を選ぶこともあるので，この点を十分注意しよう。その逆のケースも十分ある。

自分流にいろいろ考えてみよう

「同感――共感」は同意語あるいは類義語の関係であるので，「同意」と大きい字で書くなどしておくとよい。

"そんな時間はない"と考える人も多いだろうが，人間はよく勘違いをするので，わかっていてもはっきり印になるものを明記しておいたほうがよい。自分で工夫してみよう。

解き方

① 「同感」と「共感」との関係を考えると，同意語あるいは類義語である。したがって，「手本」の同意語あるいは類義語をA～Eの中から探せばよい。「手本」とまったく同じ語句はないので，これに最も近いものを探せばよい。「手本」は「後輩の手本になるようにせよ」などで使われるので，「模範的な人物」などで使われる「模範」が最も近いことになる。

② 「運動」と「静止」の関係を考えると，反意語の関係である。したがって，「設立」の反意語を探せばよい。「設立」の反意語は「解散」である。「散会」「流会」は解散の類義語ではあるが，「解散」とは意味が違う。また，「脱退」もその意味はかなり違う。「創立」は設立の類義語であるので，勘違いしてこれを選ばないようにしよう。

解答 ①C   ②B

練習問題　同意語・反意語　①

1　次の語句の同意語を選びなさい。

① 「団　結」
A　内　通　　B　断　固　　C　共　同
D　結　束　　E　協　力

「敵と内通する」
「井戸を共同で使う」

② 「計　略」
A　悪　計　　B　策　略　　C　細　工
D　計　画　　E　戦　術

「悪計が暴露される」
「戦術を変える」

③ 「加　勢」
A　援　助　　B　内　助　　C　補　佐
D　後　見　　E　養　護

「内助の功」
「上司を補佐する」

④ 「無　視」
A　御　礼　　B　尊　重　　C　黙　殺
D　軽　視　　E　汚　点

「少数意見を黙殺する」
「相手を軽視する」

2　次の語句の反意語を選びなさい。

① 「暗　黒」
A　光　明　　B　透　明　　C　残　像
D　鮮　明　　E　人　影

文　例
「暗黒の中に一条
　の光明がさす」

② 「建　設」
A　難　破　　B　破　損　　C　破　壊
D　大　破　　E　爆　破

「船が難破する」
「機体が大破する」

③ 「精　算」
A　決　着　　B　概　算　　C　帰　結
D　打　算　　E　採　算

「収容人員を概算する」
「打算的に考える」

④ 「自　立」
A　催　促　　B　依　頼　　C　無　心
D　依　存　　E　請　願

「よく金の無心に来る」
「親に依存する」

3 はじめに示された二語の関係を考え，これと同じ関係になるような語句を選びなさい。

同意語の関係⇨
　その熟語の意味をイメージする。

① 合　計：総　計——移　転：☐
A　転　々　　　B　転　居　　　C　転　移
D　移　行　　　E　旋　回

反意語の関係⇨
　"意味が対立する字"はないか，まず探す。

② 形　式：内　容——強　大：☐
A　小　心　　　B　軟　弱　　　C　弱　小
D　弱　年　　　E　最　小

同意語の関係⇨
　「素行が悪い」

③ 不　安：心　配——品　行：☐
A　快　挙　　　B　作　為　　　C　暴　挙
D　言　行　　　E　素　行

反意語の関係⇨
　「必死の攻防」

④ 円　満：不　和——攻　撃：☐
A　防　御　　　B　攻　略　　　C　防　空
D　初　陣　　　E　攻　防

反意語の関係⇨
　「健闘むなしく惜敗する」

⑤ 安　全：危　険——圧　勝：☐
A　敗　軍　　　B　敗　走　　　C　惜　敗
D　惨　敗　　　E　敗　訴

同意語の関係⇨
　「天然資源」

⑥ 用　意：準　備——自　然：☐
A　天　然　　　B　万　物　　　C　神　聖
D　原　始　　　E　未　開

反意語の関係⇨
　「操業短縮」

⑦ 出　発：到　着——拡　大：☐
A　縮　減　　　B　圧　縮　　　C　短　縮
D　膨　張　　　E　縮　小

解答	同意語・反意語　①

1 解答 ①D　②B　③A　④C

2 解答 ①A　②C　③B　④D

3 解答 ①B　②C　③E　④A　⑤D　⑥A　⑦E

1　次の語句の同意語を選びなさい。

① 「願　望」
　　A　展　望　　　B　希　望　　　C　願　力
　　D　一　望　　　E　嘆　願

文例
「一望に収める」
「嘆願書を作る」

② 「解　説」
　　A　説　明　　　B　説　得　　　C　解　釈
　　D　了　解　　　E　解　明

文例
「悪意に解釈する」
「真相を解明する」

③ 「分　別」
　　A　分　類　　　B　鑑　識　　　C　区　別
　　D　所　信　　　E　思　慮

文例
「警察の鑑識係」
「思慮が足りない」

④ 「成　就」
　　A　執　行　　　B　共　催　　　C　試　行
　　D　達　成　　　E　挙　行

文例
「刑を執行する」
「卒業式を挙行する」

2　次の語句の反意語を選びなさい。

① 「集　合」
　　A　散　会　　　B　脱　退　　　C　解　散
　　D　流　会　　　E　離　脱

文例
「組合を脱退する」
「現地で解散する」

② 「理　性」
　　A　情　緒　　　B　喜　怒　　　C　激　情
　　D　感　動　　　E　感　情

文例
「情緒が不安定である」
「感動的な場面」

③ 「総　合」
　　A　分　析　　　B　同　化　　　C　合　成
　　D　析　出　　　E　分　解

文例
「原因を分析する」
「化合物を元素に分解する」

④ 「親　切」
　　A　過　酷　　　B　冷　淡　　　C　非　情
　　D　無　惨　　　E　随　分

文例
「冷淡な返事」
「犯行は非情である」

3 はじめに示された二語の関係を考え，これと同じ関係になるような語句を選びなさい。

反意語の関係⇨
「合点がゆかない」

① 雨　季：乾　季――拒　絶：☐
　A　固　辞　　　B　承　諾　　　C　却　下
　D　信　託　　　E　合　点

反意語の関係⇨
「狩猟が解禁になる」

② 酸　化：還　元――干　渉：☐
　A　介　入　　　B　統　制　　　C　解　禁
　D　誘　導　　　E　放　任

同意語の関係⇨
「即刻中止せよ」

③ 価　格：値　段――不　意：☐
　A　次　第　　　B　至　急　　　C　突　然
　D　即　刻　　　E　緩　慢

同意語の関係⇨
「質素な暮らし」

④ 本　気：真　剣――節　約：☐
　A　倹　約　　　B　地　味　　　C　質　素
　D　派　手　　　E　旺　盛

反意語の関係⇨
「青春の血が躍動する」

⑤ 購　買：販　売――安　定：☐
　A　躍　動　　　B　動　揺　　　C　運　動
　D　固　定　　　E　振　動

同意語の関係⇨
「慢心するな」

⑥ 永　久：永　遠――体　面：☐
　A　名　誉　　　B　自　負　　　C　慢　心
　D　自　賛　　　E　面　目

反意語の関係⇨
「寒冷前線」

⑦ 悲　観：楽　観――寒　冷：☐
　A　冷　温　　　B　温　暖　　　C　冷　涼
　D　温　和　　　E　清　涼

解答　　　同意語・反意語　②

1 解答 ①B　②A　③E　④D
2 解答 ①C　②E　③A　④B
3 解答 ①B　②E　③C　④A　⑤B　⑥E　⑦B

1　次の語句の同意語を選びなさい。

① 「接　続」
A　配　列　　　B　連　続　　　C　増　結
D　連　結　　　E　裁　断

　文　例
「客車を2両増結する」
「服地を裁断する」

② 「点　在」
A　現　存　　　B　散　在　　　C　分　布
D　偏　在　　　E　混　在

「人家の散在する村落」
「富の偏在を是正する」

③ 「混　雑」
A　雑　踏　　　B　混　迷　　　C　騒　動
D　混　乱　　　E　粗　雑

「ラッシュ時の混雑を避
ける」
「都会の雑踏」

④ 「機　会」
A　日　時　　　B　期　限　　　C　時　刻
D　時　機　　　E　定　時

「絶好の機会を逸する」
「時機を見て決行する」

2　次の語句の反意語を選びなさい。

① 「軽　率」
A　余　裕　　　B　重　厚　　　C　地　道
D　慎　重　　　E　実　直

文　例
「重厚な感じの人」
「実直に働く」

② 「友　好」
A　敵　対　　　B　反　感　　　C　博　愛
D　憎　悪　　　E　愛　情

「敵対意識をもつ」
「人の反感をそそる」

③ 「大　胆」
A　不　敵　　　B　気　長　　　C　短　気
D　気　弱　　　E　臆　病

「不敵な振る舞い」
「臆病風を吹かす」

④ 「平　易」
A　未　知　　　B　明　確　　　C　難　解
D　迷　宮　　　E　的　確

「この問題は難解だ」
「事件が迷宮に入る」

3 はじめに示された二語の関係を考え，これと同じ関係になるような語句を選びなさい。

同意語の関係⇨
「政界の刷新を図る」

① 外　国：異　国——一　新：□□□□
　　A　再　生　　　B　刷　新　　　C　回　復
　　D　復　元　　　E　改　良

反意語の関係⇨
「高慢の鼻をくじく」

② 騰　貴：下　落——謙　虚：□□□□
　　A　丁　重　　　B　度　量　　　C　高　慢
　　D　見　栄　　　E　偏　狭

反意語の関係⇨
「この作品の主人公は作者の分身だ」

③ 成　功：失　敗——全　身：□□□□
　　A　細　部　　　B　分　身　　　C　一　端
　　D　患　部　　　E　局　所

同意語の関係⇨
「国内に異変が生じる」

④ 遺　憾：残　念——進　歩：□□□□
　　A　衰　退　　　B　異　変　　　C　向　上
　　D　先　進　　　E　変　動

同意語の関係⇨
「身を犠牲にして働く」

⑤ 有　数：屈　指——寄　与：□□□□
　　A　孝　行　　　B　犠　牲　　　C　信　用
　　D　貢　献　　　E　誠　意

反意語の関係⇨
「手先が器用だ」

⑥ 自　白：黙　秘——未　熟：□□□□
　　A　老　練　　　B　器　用　　　C　早　技
　　D　得　意　　　E　年　功

反意語の関係⇨
「土地の隆起」

⑦ 拙　速：巧　遅——陥　没：□□□□
　　A　起　伏　　　B　曲　折　　　C　圧　縮
　　D　突　出　　　E　隆　起

解答・解説　　　　同意語・反意語　③

1 解答 ①D　②B　③A　④D
2 解答 ①D　②A　③E　④C
3 解答 ①B　②C　③E　④C　⑤D　⑥A　⑦E

☐ 没 頭──専 念	☐ 進 歩──向 上	☐ 指 図──命 令
☐ 同 意──共 感	☐ 有 数──屈 指	☐ 工 夫──思 案
☐ 手 本──模 範	☐ 寄 与──貢 献	☐ 社 会──世 間
☐ 団 結──結 束	- - - - - - - - - - - - - - -	☐ 出 世──栄 達
☐ 計 略──策 略	☐ 日 常──平 常	☐ 信 条──信 念
☐ 加 勢──援 助	☐ 停 止──静 止	☐ 有 益──有 用
☐ 無 視──黙 殺	☐ 応 答──回 答	☐ 中 身──内 容
☐ 合 計──総 計	☐ 目 的──目 標	☐ 形 身──記 念
☐ 移 転──転 居	☐ 技 能──技 術	☐ 運 命──宿 命
☐ 不 安──心 配	☐ 大 局──大 勢	☐ 配 下──部 下
☐ 品 行──素 行	☐ 安 全──無 事	☐ 年 始──新 春
☐ 用 意──準 備	☐ 単 独──独 自	☐ 任 務──職 務
☐ 自 然──天 然	☐ 重 要──重 大	☐ 増 進──増 大
☐ 願 望──希 望	☐ 断 言──明 言	☐ 変 化──推 移
☐ 解 説──説 明	☐ 長 所──美 点	☐ 断 行──決 行
☐ 分 別──思 慮	☐ 英 知──知 恵	☐ 自 慢──自 負
☐ 成 就──達 成	☐ 外 聞──評 判	☐ 不 在──留 守
☐ 価 格──値 段	☐ 先 例──前 例	☐ 必 死──夢 中
☐ 不 意──突 然	☐ 外 観──外 見	☐ 体 験──経 験
☐ 本 気──真 剣	☐ 志 願──志 望	☐ 名 誉──栄 誉
☐ 節 約──倹 約	☐ 業 績──成 果	☐ 原 因──理 由
☐ 永 久──永 遠	☐ 態 度──様 子	☐ 品 性──人 格
☐ 体 面──面 目	☐ 順 調──好 調	☐ 基 盤──基 礎
☐ 接 続──連 結	☐ 行 動──実 行	☐ 中 心──核 心
☐ 点 在──散 在	☐ 追 加──付 加	☐ 一 門──一 族
☐ 混 雑──雑 踏	☐ 器 量──度 量	☐ 才 能──才 覚
☐ 機 会──時 機	☐ 差 別──区 別	☐ 静 養──休 養
☐ 外 国──異 国	☐ 調 理──料 理	☐ 決 心──決 意
☐ 一 新──刷 新	☐ 公 平──公 正	☐ 改 善──改 良
☐ 遺 憾──残 念	☐ 意 見──見 解	☐ 任 務──使 命

□ 救 済――救 援	□ 事 態――局 面	□ 悲 観――落 胆
□ 推 測――推 量	□ 了 解――納 得	□ 監 禁――幽 閉
□ 表 面――外 面	□ 支 度――準 備	□ 重 要――肝 心
□ 倒 産――破 産	□ 継 承――踏 襲	□ 関 心――興 味
□ 死 亡――死 去	□ 通 例――慣 例	□ 可 否――是 非
□ 特 別――格 別	□ 枚 挙――列 挙	□ 使 命――任 務
□ 時 時――時 折	□ 興 亡――盛 衰	□ 努 力――勤 勉
□ 追 想――回 想	□ 横 着――無 精	□ 釈 明――弁 解
□ 布 教――伝 道	□ 騒 乱――暴 動	□ 介 入――関 与
□ 途 中――中 途	□ 消 息――音 信	□ 困 苦――辛 酸
□ 有 名――著 名	□ 流 布――普 及	□ 進 退――去 就
□ 処 置――処 理	□ 漂 泊――流 浪	□ 手 段――方 法
□ 特 有――固 有	□ 借 財――負 債	□ 宿 願――本 懐
□ 綿 密――精 密	□ 首 領――頭 目	□ 次 第――順 序
□ 統 制――統 率	□ 逮 捕――検 挙	□ 生 涯――終 身
□ 教 養――素 養	□ 歳 月――光 陰	□ 平 生――普 段
□ 抵 抗――反 抗	□ 最 期――臨 終	□ 通 報――告 知
□ 論 理――理 屈	□ 出 納――収 支	□ 制 約――規 制
□ 入 念――周 到	□ 交 渉――談 判	□ 抑 制――圧 迫
□ 発 想――着 想	□ 勇 猛――果 敢	□ 手 柄――功 績
□ 否 定――否 認	□ 結 末――帰 結	□ 精 読――熟 読
□ 家 内――奥 様	□ 整 理――始 末	□ 税 金――租 税
□ 災 害――災 難	□ 持 参――携 帯	□ 慰 安――慰 労
□ 極 論――極 言	□ 風 景――風 光	□ 追 従――迎 合
□ 本 国――故 国	□ 友 人――知 己	□ 大 任――重 責
□ 風 俗――風 習	□ 対 照――対 比	□ 風 潮――傾 向
□ 永 眠――他 界	□ 資 産――財 産	□ 豊 富――潤 沢
□ 統 合――合 体	□ 具 申――陳 述	□ 状 況――形 勢
□ 架 空――虚 構	□ 突 飛――奇 抜	□ 大 要――概 略
□ 無 事――息 災	□ 丹 念――克 明	□ 重 宝――便 利

☐ 単 純——複 雑	☐ 平 易——難 解	☐ 一 時——永 遠
☐ 運 動——静 止	☐ 騰 貴——下 落	☐ 生 産——消 費
☐ 設 立——解 散	☐ 謙 虚——高 慢	☐ 和 服——洋 服
☐ 暗 黒——光 明	☐ 成 功——失 敗	☐ 破 損——修 理
☐ 建 設——破 壊	☐ 全 身——局 部	☐ 本 質——現 象
☐ 精 算——概 算	☐ 自 白——黙 秘	☐ 乗 車——下 車
☐ 自 立——依 存	☐ 未 熟——老 練	☐ 全 体——部 分
☐ 形 式——内 容	☐ 拙 速——巧 遅	☐ 好 転——悪 化
☐ 強 大——弱 小	☐ 陥 没——隆 起	☐ 当 選——落 選
☐ 円 満——不 和	- - - - - - - - - - - - - - - - - -	☐ 軽 減——加 重
☐ 攻 撃——防 御	☐ 往 路——復 路	☐ 風 上——風 下
☐ 安 全——危 険	☐ 主 食——副 食	☐ 独 唱——合 唱
☐ 圧 勝——惨 敗	☐ 新 築——改 築	☐ 禁 止——許 可
☐ 出 発——到 着	☐ 出 港——帰 港	☐ 多 量——少 量
☐ 拡 大——縮 小	☐ 登 山——下 山	☐ 幸 福——不 幸
☐ 集 合——解 散	☐ 最 初——最 後	☐ 一 事——万 事
☐ 理 性——感 情	☐ 便 利——不 便	☐ 外 交——内 政
☐ 総 合——分 析	☐ 自 然——人 工	☐ 増 加——減 少
☐ 親 切——冷 淡	☐ 勝 利——敗 北	☐ 右 折——左 折
☐ 雨 季——乾 季	☐ 無 効——有 効	☐ 開 店——閉 店
☐ 拒 絶——承 諾	☐ 長 所——短 所	☐ 起 点——終 点
☐ 酸 化——還 元	☐ 平 和——戦 争	☐ 黒 字——赤 字
☐ 干 渉——放 任	☐ 入 学——卒 業	☐ 進 化——退 化
☐ 購 買——販 売	☐ 希 望——失 望	☐ 日 食——月 食
☐ 安 定——動 揺	☐ 輸 出——輸 入	☐ 都 市——農 村
☐ 悲 観——楽 観	☐ 動 物——植 物	☐ 原 因——結 果
☐ 寒 冷——温 暖	☐ 直 線——曲 線	☐ 利 益——損 失
☐ 軽 率——慎 重	☐ 得 点——失 点	☐ 絶 対——相 対
☐ 友 好——敵 対	☐ 生 花——造 花	☐ 続 行——中 止
☐ 大 胆——臆 病	☐ 成 功——失 敗	☐ 車 道——歩 道

☐ 内　野——外　野	☐ 保　守——革　新	☐ 起　床——就　寝
☐ 肉　体——精　神	☐ 開　放——閉　鎖	☐ 公　開——秘　密
☐ 収　入——支　出	☐ 可　決——否　決	☐ 専　業——兼　業
☐ 雨　天——晴　天	☐ 集　中——分　散	☐ 逃　走——追　跡
☐ 静　水——流　水	☐ 満　潮——干　潮	☐ 冒　頭——末　尾
☐ 発　効——失　効	☐ 過　去——未　来	☐ 摘　発——看　過
☐ 中　央——地　方	☐ 権　利——義　務	☐ 具　体——抽　象
☐ 私　費——公　費	☐ 質　疑——応　答	☐ 極　楽——地　獄
☐ 元　金——利　子	☐ 一　般——特　殊	☐ 繁　栄——没　落
☐ 発　信——受　信	☐ 合　法——違　法	☐ 収　縮——膨　張
☐ 出　航——欠　航	☐ 平　凡——非　凡	☐ 委　細——概　略
☐ 明　示——暗　示	☐ 戦　乱——太　平	☐ 実　在——架　空
☐ 予　算——決　算	☐ 豊　作——凶　作	☐ 促　進——抑　制
☐ 好　評——不　評	☐ 直　系——傍　系	☐ 債　権——債　務
☐ 実　戦——演　習	☐ 時　間——空　間	☐ 浪　費——節　約
☐ 空　前——絶　後	☐ 任　意——故　意	☐ 優　勝——劣　敗
☐ 単　独——共　同	☐ 原　則——例　外	☐ 記　憶——忘　却
☐ 分　権——集　権	☐ 直　列——並　列	☐ 釈　放——拘　束
☐ 本　流——支　流	☐ 被　害——加　害	☐ 穏　健——過　激
☐ 活　発——低　調	☐ 歓　喜——悲　嘆	☐ 用　心——油　断
☐ 公　海——領　海	☐ 是　認——否　認	☐ 削　除——増　補
☐ 静　態——動　態	☐ 求　心——遠　心	☐ 創　造——模　倣
☐ 給　水——断　水	☐ 復　帰——離　脱	☐ 邪　悪——善　良
☐ 内　角——外　角	☐ 強　固——薄　弱	☐ 進　展——停　滞
☐ 広　義——狭　義	☐ 継　続——中　断	☐ 承　諾——辞　退
☐ 受　動——能　動	☐ 慢　性——急　性	☐ 上　昇——下　降
☐ 先　天——後　天	☐ 平　等——差　別	☐ 和　解——紛　争
☐ 母　音——子　音	☐ 却　下——受　理	☐ 丁　重——粗　略
☐ 死　亡——出　生	☐ 興　奮——冷　静	☐ 虚　構——真　実
☐ 就　任——解　任	☐ 濃　厚——淡　泊	☐ 隆　盛——衰　退

2 二語の関係

例題1

〔　　〕に示された二語の関係を考え，これと同じ関係になるものを下から選びなさい。

〔暖　流：海　流〕——〔（　　　）：アフリカ〕

A　インド　　B　スペイン　　C　サウジアラビア
D　エジプト　　E　イラク

Point
・大部分の問題は，「包含関係」「原材料関係」「役割・機能関係」「行為関係」「並立関係」「ワンセットの関係」についてのものである。
・最初は「包含関係」「原材料関係」ではないか，と考えてみる。

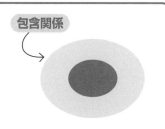

包含関係

解き方

　まず最初に，「暖流」と「海流」の関係について考える。すると，海流の中に「暖流」と「寒流」があることから，この二語は「包含関係」にあると考える。

　したがって，「（　　）：アフリカ」について「包含関係」が成立するためには，（　　）内に何が入るべきか考える。その際，「中」か「外」かに注意する。下図に示すように，「暖流」は「中」，「海流」は「外」である。したがって，「アフリカ」は「外」でなくてはならない。すると，「中」には「エジプト」が該当する。

暖流
海　流

エジプト
アフリカ

じっくり構える

　「二語の関係」の問題になると，どういう訳か，落ち着きがなくなる人を見かける。

　「二語の関係」の問題はじっくり考えれば，正解にたどりつく確率が高い問題である。あらゆる角度から検討してみよう。

解答　D

例題2

〔　　〕に示された二語の関係を考え，これと同じ関係になるものを下から選びなさい。

〔日本酒：米〕──〔しょう油：(　　　)〕

A　大　麦　　　　B　小　麦　　　C　大　豆
D　とうもろこし　　E　ライ麦

Point

ここでの出題対象となるのは，日本酒，ワイン，ビール，チーズ，パンなどである。
日頃から，何からできているのか注意して食事をしよう。

What is this made from?

1つひとつ積み上げる

　料理にまったく関心のない人は，どんなに空腹でも，コンビニにさえ買いに行かない。それゆえ，それが何でできているかなど，考えることもない。
　しかし，それは教養がなさすぎるというもので，異性との会話もはずまない。少し注意すれば，知識は山積みされるはず。

解き方

　「日本酒」と「米」との関係を考えると，「原材料関係」にあるとわかる。つまり，「日本酒」は「米」からできている。
　したがって，「しょう油」は何からできているか考えると，「大豆」とわかる。大部分の人は「日本酒」や「しょう油」を作っていないので，「米」「大豆」と丸覚えするしかない。

原材料と生産物の主なものとして，次のものがある。
・小　麦──パ　ン　　　　・ブドウ───ワイン
・小　麦──パスタ　　　　・ブドウ───ブランデー
・小　麦──中華めん　　　・牛　乳───チーズ
・小　麦──うどん　　　　・牛　乳───バター
・大　麦──ビール　　　　・魚　　───ちくわ
・大　麦──ウィスキー　　・大　豆───豆　腐

解答　C

例題3

〔　〕に示された二語の関係を考え，これと同じ関係になるものを下から選びなさい。

〔エアコン：温度・湿度の調節〕――〔葉緑体：（　　　）〕

A　水　　　　　B　二酸化炭素　　　C　酸　素
D　デンプン　　E　光合成

 Point

・物には，それぞれ働きや能力がある。それゆえ，その物の存在価値がある。
・自動車の役割は速く走ること，冷蔵庫の役割は低温で貯蔵すること。

ぼくの役割は
冷たい空気を流すこと

解き方

「エアコンの役割・機能」は，「温度・湿度の調節」にある。したがって，この二語は「役割・機能関係」にある。「役割・機能」という言葉がピンとこなければ，「そのものの主な働き」「そのものの存在価値」などと覚えておけばよい。

「葉緑体」の主な働きといえば，誰もが知っている「光合成」である。光合成のしくみはよく知らなくても，「葉緑体―光合成」とセットで覚えておくとよい。

解答　E

類題
次の二語の関係と同じ関係になるものを選びなさい。
〔レストラン：飲　食〕――〔胃：（　　　）〕
A　運　搬　　　B　栄養分　　　C　大　腸
D　消　化　　　E　温　度

解答　D

考える順番

先に述べたように，二語の関係を考える場合，最初に検討してみるのが「包含関係」「原材料関係」である。

次に「役割・機能関係」「行為関係」をチェックし，その後「並立関係」「ワンセットの関係」をチェックするのがよい。

なお，これらの関係に該当しないものも出題されることがあるので，そうしたときは柔軟に対処しよう。

例題4

　〔　　〕に示された二語の関係を考え，これと同じ関係になるものを下から選び
なさい。

　　〔キャビンアテンダント：乗客サービス〕——〔（　　　　）：介護支援〕

　　A　ケアマネジャー　　B　ソムリエ　　　C　ベビーシッター
　　D　ブリーダー　　　　E　ランドオペレーター

Point

・「～」という「行為者」が「……を行う」という関係が成立する場合，
　これを「行為関係」という。つまり"人間が主役"。

職業いろいろ

　テレビ業界などでは，さまざまな名称の職業が次々に誕生するので，業界内の人でも"何の仕事をするの？"ということがよくあるそうだ。

　ただし，試験の対象となるのは大半の人が知っているメジャーな職業で，知らない人の方が珍しいと思われるものが出題の対象である。これも日頃から少し注意しておけば，"わからない"ということはないはず。

（解き方）

　キャビンアテンダントの主な仕事は，航空機内で乗客サービスを行うことである。したがって，この二語は「行為関係」にあることになる。

　「介護支援」を主な仕事としている職業は，Aの「ケアマネジャー」である。

　各職業の主な仕事は次の通り。
・ソムリエ……ワイン選び
・ベビーシッター……育児および学習指導
・ブリーダー……血統書つきの犬や猫などの繁殖および行動
　　　　　　　　　面での指導・育成
・ランドオペレーター……海外に住み，日本人観光客を相手
　　　　　　　　　　　　に観光案内などを行う

（解答）　A

例題5

〔　　〕に示された二語の関係を考え，これと同じ関係になるものを下から選び
なさい。

〔陸：海〕── 〔（　　　　）：経　度〕

A　北　緯　　　B　東　経　　　C　緯　度
D　赤　道　　　E　180°

Point

・並立（並列）とは，２つ以上のものが対等の役割で並ぶことをいう。
「対等」の箇所がポイント。

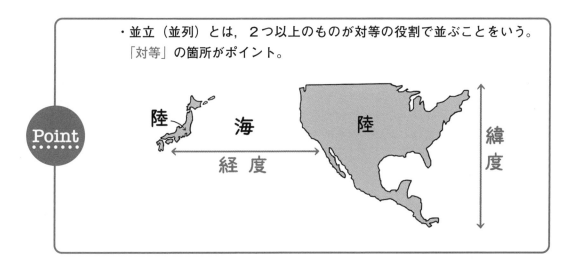

陸　　海　　陸
経　度
緯度

解 き 方

「陸」がなければ「海」もなく，「海」がなければ「陸」もな
い。この２つは対等の役割で並んでいることになる。したがっ
て，両者は「並立関係」にあるといえる。
　地球上の位置を示すとき，「緯度」だけでは示すことはでき
ないし，「経度」だけでも示すことはできない。両者があって
はじめて，地球上の位置を示すことができる。したがって，
「緯度」と「経度」は「並立関係」にあるといえる。

解答　C

時間があるとき，
考えてみよう

　並立の関係にある二語を
自分で考えてみよう。電車
やバスに乗っているときな
どはヒマなので，頭の体操
に最適である。
　たとえば，国際連合の関
係では，〔常任理事国：非
常任理事国〕。国内政治の
関係では，〔衆議院：参議
院〕〔与党・野党〕。

例題6

〔　〕に示された二語の関係を考え，これと同じ関係になるものを下から選び
なさい。

〔机：い　す〕── 〔バット：(　　　　)〕

A　審　判　　　B　スパイク　　　C　グローブ
D　野　球　　　E　ユニフォーム

・2つで一組となっているものを「ワンセットの関
係」「一組の関係」「一対の関係」などという。
・「ワンセットの関係」と「並立の関係」はよく似
ているが，
前者は "2つで一組となっている" 点，
後者は "2つが対等である" 点が特徴である。

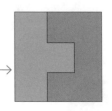

まとめと考えてみよう

　"並立の関係にある二
語" を思いついたら，これ
が「ワンセットの関係」に
ないか検討してみよう。
　また，"ワンセットの関
係にある二語" を思いつい
たら，これが「並立関係」
にないか検討してみよう。

解き方

　「ワンセットの関係」「一対の関係」の代表例としては，次の
ものがある。
・男　性──女　性　　・経営者──従業員
・親　　──子　　　　・師　匠──弟　子
・上　着──ズボン　　・布　団──枕（まくら）

　「机」と「いす」は不可分の関係にある。「机」があっても
「いす」がなければ，「机」の機能を十分に発揮できない。「い
す」も「机」がなければ同様である。このように，2つで一組
となっているものを「ワンセットの関係」という。
　「バット」については，「バット：ボール」と考える人も一部
にいるかもしれないが，一般に「バット」と一対の関係にある
ものは「グローブ」である。なぜなら，「バット」は "攻撃の
象徴" であり，「グローブ」は "守備の象徴" である。

 解答　　C

1　〔　　〕に示された二語の関係を考え，これと同じ関係に
　　なるものを下から選びなさい。

　　①〔ツバメ：鳥　類〕——〔にんじん：（　　　　）〕　　　　　⇦包含関係
　　　　A　野　菜　　　B　果　実　　　C　穀　物
　　　　D　魚　類　　　E　肉　類

　　②〔病　院：救急車〕——〔港：（　　　　）〕　　　　　　　⇦ワンセットの関係
　　　　A　魚　　　　　B　灯　台　　　C　海　岸
　　　　D　船　舶　　　E　いかり

　　③〔ビール：大　麦〕——〔うどん：（　　　　）〕　　　　　⇦原材料関係
　　　　A　小　麦　　　B　ブドウ　　　C　米
　　　　D　じゃがいも　E　大　豆

　　④〔みかん：りんご〕——〔金：（　　　　）〕　　　　　　　⇦並立関係
　　　　A　鉄鉱石　　　　B　ボーキサイト　　　C　原　油
　　　　D　銀　　　　　　E　銅

　　⑤〔時　計：時　間〕——〔フィルター：（　　　　）〕　　　⇦役割・機能関係
　　　　A　縮　小　　　B　浄水器　　　C　レンズ
　　　　D　拡　大　　　E　ろ　過

2　〈　　〉に示された二語の関係を考え，これと同じ関係に
　　なるものを下から選びなさい。

　　①〈金　星：惑　星〉　　　　　　　　　　　　　　　　　　　⇦包含関係
　　　　ア　鉛　筆：消しゴム
　　　　イ　日　食：月　食
　　　　ウ　月　：衛　星
　　　A　アだけ　　　B　イだけ　　　C　ウだけ
　　　D　アとイ　　　E　アとウ

役割・機能関係⇨

② 〈運　搬：ワゴン〉
　　ア　飲　食　：レストラン
　　イ　印　字　：プリンター
　　ウ　アスリート：競　技
　　A　アだけ　　　B　イだけ　　　C　ウだけ
　　D　アとイ　　　E　イとウ

原材料関係⇨
　1円玉はアルミニウム
からできている。

③ 〈ゴ　ム：タイヤ〉
　　ア　白　銅：百円硬貨
　　イ　撮　影：デジカメ
　　ウ　卵　黄：マヨネーズ
　　A　アだけ　　　B　イだけ　　　C　ウだけ
　　D　アとイ　　　E　アとウ

役割・機能関係⇨

④ 〈ショールーム：展　示〉
　　ア　スポーツ　：サッカー
　　イ　こしょう　：調　味
　　ウ　バイオリン：弦楽器
　　A　アだけ　　　B　イだけ　　　C　ウだけ
　　D　アとイ　　　E　イとウ

行為関係⇨

⑤ 〈ディレクター：演　出〉
　　ア　教　授：学　生
　　イ　易　者：占　い
　　ウ　記　者：取　材
　　A　アだけ　　　B　イだけ　　　C　ウだけ
　　D　アとイ　　　E　イとウ

解答・解説　　二語の関係　①

1 |解答| ①A　②D　③A　④D　⑤E
2 |解答| ①C　②D　③E　④B　⑤E
|解説| ①「鉛筆：消しゴム」—ワンセットの関係，「日食：月食」—並立関係　②「アスリート：競技」—行為関係　③「撮影—デジカメ」—役割・機能関係　④「スポーツ：サッカー」—包含関係，「バイオリン：弦楽器」—包含関係　⑤「教授：学生」—ワンセットの関係

1 〔　　〕に示された二語の関係を考え，これと同じ関係に
なるものを下から選びなさい。

①〔帽　子：頭〕── 〔ソックス：（　　　　）〕　　　　　⇦ワンセットの関係
　　A　指　　　B　首　　　C　靴
　　D　足　　　E　冬

②〔野　菜：たまねぎ〕──〔果　実：（　　　　）〕　　　⇦包含関係
　　A　れんこん　　　B　かき　　　C　トマト
　　D　キャベツ　　　E　ブロッコリー

③〔歯　車：機　械〕──〔（　　　）：会　社〕　　　　　⇦ワンセットの関係
　　A　商　品　　　B　仕　事　　　C　従業員
　　D　事　務　　　E　開　発

④〔パルプ：紙〕── 〔（　　　）：チョコレート〕　　　⇦原材料関係
　　A　バター　　　B　コーン　　　C　ココア
　　D　パーム油　　E　カカオ

⑤〔はさみ：裁　断〕──〔扇風機：（　　　）〕　　　　　⇦役割・機能関係
　　A　夏　　　　　B　節　電　　　C　冷　房
　　D　送　風　　　E　家　電

2 〈　　〉に示された二語の関係を考え，これと同じ関係に
なるものを下から選びなさい。

①〈仏　教：キリスト教〉　　　　　　　　　　　　　　　⇦並立関係
　　ア　味　覚　　　：聴　覚
　　イ　ニューヨーク：ロンドン
　　ウ　窓　　　　　：採　光
　A　アだけ　　　B　イだけ　　　C　ウだけ
　D　アとイ　　　E　イとウ

包含関係⇨

② 〈スプーン：食 器〉
　　ア　とうもろこし：穀 物
　　イ　たんす　　　：家 具
　　ウ　包 丁　　　：まな板
　A　アだけ　　　　B　イだけ　　　　C　ウだけ
　D　アとイ　　　　E　アとウ

原材料関係⇨

③ 〈おにぎり：米〉
　　ア　インク：ペ ン
　　イ　宝 石：エメラルド
　　ウ　豆 腐：大 豆
　A　アだけ　　　　B　イだけ　　　　C　ウだけ
　D　アとイ　　　　E　イとウ

役割・機能関係⇨

④ 〈学 校：教 育〉
　　ア　牛 乳：チーズ
　　イ　花 見：桜
　　ウ　体温計：検 温
　A　アだけ　　　　B　イだけ　　　　C　ウだけ
　D　アとイ　　　　E　アとウ

ワンセットの関係⇨

⑤ 〈弓：矢〉
　　ア　針　　：糸
　　イ　こ ま：玩 具
　　ウ　動 物：生 物
　A　アだけ　　　　B　イだけ　　　　C　ウだけ
　D　アとイ　　　　E　イとウ

解答・解説　　二語の関係　②

1 解答　①D　②B　③C　④E　⑤D
2 解答　①D　②D　③C　④C　⑤A
解説　①「窓：採光」―役割・機能関係　②「包丁：まな板」―ワンセットの関係　③「インク：ペン」―ワンセットの関係，「宝石：エメラルド」―包含関係　④「牛乳：チーズ」―原材料関係，「花見：桜」―ワンセットの関係　⑤「こま：玩具」―包含関係，「動物：生物」―包含関係

1　〔　　〕に示された二語の関係を考え，これと同じ関係に
なるものを下から選びなさい。

①〔電　車：プラットホーム〕──〔飛行機：(　　　)〕　　⇦ワンセットの関係
　　A　格安チケット　B　パイロット　C　リムジンバス
　　D　滑走路　　　　E　逆噴射

②〔数　学：学　問〕──〔小　説：(　　　)〕　　⇦包含関係
　　A　俳　句　　　B　文　学　　　C　詩
　　D　短　歌　　　E　随　筆

③〔マジシャン：手　品〕──〔コメンテーター：(　　　)〕　　⇦行為関係
　　A　記　録　　　B　報　道　　　C　娯　楽
　　D　ニュース解説　　E　演　出

④〔ちくわ：魚〕──〔ダイヤモンド：(　　　)〕　　⇦原材料関係
　　A　酸　素　　　B　窒　素　　　C　炭　素
　　D　水　素　　　E　ケイ素

⑤〔木　星：土　星〕──〔魚：(　　　)〕　　⇦並立関係
　　A　肉　　　　　B　さんま　　　C　牛
　　D　果　実　　　E　豚

2　〈　　〉に示された二語の関係を考え，これと同じ関係に
なるものを下から選びなさい。

①〈ジャケット：衣　服〉　　⇦包含関係
　　ア　地　球　：宇　宙　　　　　　　　　　　〈左と右〉の位置関係に
　　イ　調味料　：み　そ　　　　　　　　　　　注意しよう
　　ウ　セメント：石灰岩
　　A　アだけ　　　B　イだけ　　　C　ウだけ
　　D　アとイ　　　E　アとウ

役割・機能関係⇨	②〈演　奏：ピアノ〉
	ア　治　療　　：病　院
	イ　ジャズ　　：音　楽
	ウ　ホニュウ類：鯨
	A　アだけ　　　B　イだけ　　　C　ウだけ
	D　アとイ　　　E　イとウ

行為関係⇨	③〈ガードマン：警　備〉
	ア　消防官　　　：消　火
	イ　国会議員　　：選　挙
	ウ　アーティスト：芸　術
	A　アだけ　　　B　イだけ　　　C　ウだけ
	D　アとイ　　　E　アとウ

原材料関係⇨	④〈牛　乳：ヨーグルト〉
	ア　紙　　　　：新　聞
	イ　ボールペン：文房具
	ウ　金　属　　：はさみ
	A　アだけ　　　B　イだけ　　　C　ウだけ
	D　アとイ　　　E　アとウ

並立関係⇨ カスピ海は世界最大の湖である。	⑤〈ナイル川：アマゾン川〉
	ア　地　形：平　野
	イ　暖　流：寒　流
	ウ　カスピ海：バイカル湖
	A　アだけ　　　B　イだけ　　　C　ウだけ
	D　アとイ　　　E　イとウ

解答・解説　　　二語の関係　③

1 解答　①D　②B　③D　④C　⑤A
2 解答　①A　②A　③E　④E　⑤E

解説　①「調味料：みそ」―包含関係。ただし，「ジャケット：衣服」の関係と同じ関係になるためには，「みそ：調味料」でなくてはならない。「セメント：石灰岩」―原材料関係　②「ジャズ：音楽」―包含関係，「ホニュウ類：鯨」―包含関係　③「国会議員：選挙」―いずれの関係にも該当しない。④「ボールペン：文房具」―包含関係　⑤「地形：平野」―包含関係

練習問題　　二語の関係　④

1　〔　〕に示された二語の関係を考え，これと同じ関係に
なるものを下から選びなさい。

① 〔コーヒー：飲　料〕——〔(　　　　)：草食動物〕　　　⇦包含関係
　　A　ライオン　　　B　サ　ル　　　C　キリン
　　D　イノシシ　　　E　ト　ラ

② 〔切　断：のこぎり〕——〔(　　　　)：エレベーター〕　⇦役割・機能関係
　　A　運　動　　　B　上　下　　　C　スピード
　　D　昇　降　　　E　電　気

③ 〔力　士：まわし〕——〔(　　　　)：大　根〕　　　　⇦ワンセットの関係
　　A　デパート　　　　B　スーパー　　　C　コンビニ
　　D　八百屋　　　　　E　専門店

④ 〔み　そ：大　豆〕——〔シャツ：(　　　　)〕　　　　⇦原材料関係
　　A　布　　　　B　下　着　　　C　上　着
　　D　ズボン　　E　肌　着

⑤ 〔P　波：S　波〕——〔満　月：(　　　　)〕　　　　⇦並立関係
　　A　大　潮　　　B　新　月　　　C　三日月
　　D　小　潮　　　E　公　転

2　〈　〉に示された二語の関係を考え，これと同じ関係に
なるものを下から選びなさい。

① 〈マカロニ：小　麦〉　　　　　　　　　　　　　　　　⇦原材料関係
　　ア　ドライアイス：二酸化炭素
　　イ　ラーメン　　　：めん類
　　ウ　理容師　　　　：調　髪
　　A　アだけ　　　B　イだけ　　　C　ウだけ
　　D　アとイ　　　E　アとウ

ワンセットの関係⇨

②〈剣　道：竹　刀〉
　　ア　サッカー：球　技
　　イ　ラグビー：スクラム
　　ウ　テニス　：ラケット
　A　アだけ　　　　B　イだけ　　　C　ウだけ
　D　アとイ　　　　E　イとウ

役割・機能関係⇨

③〈望遠鏡：観　測〉
　　ア　セーター：毛　糸
　　イ　マフラー：防　寒
　　ウ　電　卓　：計　算
　A　アだけ　　　　B　イだけ　　　C　ウだけ
　D　アとイ　　　　E　イとウ

包含関係⇨

④〈フルート：楽　器〉
　　ア　リモコン：遠隔操作
　　イ　家電製品：掃除機
　　ウ　放　送　：メディア
　A　アだけ　　　　B　イだけ　　　C　ウだけ
　D　アとイ　　　　E　アとウ

並立関係⇨

⑤〈酸　性：アルカリ性〉
　　ア　入射角：反射角
　　イ　融　解：凝　固
　　ウ　太　陽：黒　点
　A　アだけ　　　　B　イだけ　　　C　ウだけ
　D　アとイ　　　　E　アとウ

解答・解説　　　二語の関係　④

1 解答 ①C　②D　③D　④A　⑤B
2 解答 ①A　②E　③E　④C　⑤D
解説 ①「ラーメン：めん類」—包含関係，「理容師：調髪」—役割・機能関係　②「サッカー：球技」—包含関係　③「セーター：毛糸」—原材料関係　④「リモコン：遠隔操作」—役割・機能関係，「家電製品：掃除機」—包含関係。ただし，「フルート：楽器」の関係と同じ関係になるためには，「掃除機：家電製品」でなくてはならない。⑤「太陽：黒点」—包含関係

二語の関係 ⑤

1 〔　〕に示された二語の関係を考え，これと同じ関係になるものを下から選びなさい。

①〔尺　八：竹〕――〔カシミヤ：（　　　　）〕　　　⇦原材料関係
　　A　ヤ　ギ　　　B　ヒツジ　　　　C　カイコ
　　D　馬　　　　　E　牛

②〔倉　庫：保　管〕――〔エコマーク：（　　　　）〕　⇦役割・機能関係
　　A　環境保全　　　B　レストラン　　　C　企　業
　　D　古紙再生　　　E　動物愛護

③〔ウサギ：ホニュウ類〕――〔（　　　　）：両生類〕　⇦包含関係
　　A　ヘ　ビ　　　　B　トカゲ　　　　C　カエル
　　D　フ　ナ　　　　E　ハ　ト

④〔薬剤師：調　剤〕――〔ツアープランナー：（　　　　）〕　⇦行為関係
　　A　お客の案内　　B　通　訳　　　C　商品の販売
　　D　観光案内　　　　E　旅行商品の企画

⑤〔七　夕：7月7日〕――〔ひな祭り：（　　　　）〕　⇦ワンセットの関係
　　A　1月1日　　　B　3月3日　　　C　5月5日
　　D　1月7日　　　E　9月9日

2 〈　〉に示された二語の関係を考え，これと同じ関係になるものを下から選びなさい。

①〈高気圧：低気圧〉　　　　　　　　　　　　　　⇦並立関係
　　ア　首　都：ロンドン
　　イ　太平洋：大西洋
　　ウ　直接税：間接税
　　A　アだけ　　　　B　イだけ　　　C　ウだけ
　　D　アとイ　　　　E　イとウ

原材料関係⇨

② 〈納　豆：大　豆〉
　　ア　もなか：和菓子
　　イ　漬　物：梅干し
　　ウ　パスタ：小　麦
A　アだけ　　　B　イだけ　　　C　ウだけ
D　アとイ　　　E　アとウ

包含関係⇨

③ 〈エコカー：電気自動車〉
　　ア　政令指定都市：神戸市
　　イ　世界遺産　　：富士山
　　ウ　インフレ　　：デフレ
A　アだけ　　　B　イだけ　　　C　ウだけ
D　アとイ　　　E　イとウ

ワンセットの関係⇨

④ 〈茶わん：は　し〉
　　ア　自動車　　　　　　　：道　路
　　イ　ジェネリック医薬品：先発医薬品（新薬）
　　ウ　料　理　　　　　　　：親子丼
A　アだけ　　　B　イだけ　　　C　ウだけ
D　アとイ　　　E　アとウ

並立関係⇨

⑤ 〈芥川賞：直木賞〉
　　ア　衆議院　　：参議院
　　イ　正規社員　：非正規社員
　　ウ　勅撰和歌集：古今和歌集
A　アだけ　　　B　イだけ　　　C　ウだけ
D　アとイ　　　E　アとウ

解答・解説	二語の関係　⑤

1 解答 ①A　②A　③C　④E　⑤B
2 解答 ①E　②C　③D　④A　⑤D
解説 ①「首都：ロンドン」―包含関係　②「もなか：和菓子」―包含関係，「漬物：梅干し」―包含関係　③「インフレ：デフレ」―並立関係　④「ジェネリック医薬品：先発医薬品（新薬）」―並立関係，「料理：親子丼」―包含関係　⑤「勅撰和歌集：古今和歌集」―包含関係

3　語句の意味

例題1

次の語句の意味として，最も合致するものを選びなさい。

〔進 取〕

A　物事がよい方向へ発展すること。
B　他国の領土などに入り込むこと。
C　自分から積極的に物事に取り組んでいくこと。
D　財産の管理や処分などを人に頼むこと。
E　議論の場面などが次々に動いていくこと。

Point

・語句の意味の"中心部分"に合致するかどうかをチェックする。
・A〜Eのうち1つ選ぶ場合，2〜3つは容易に消せるようになっている。
・残ったものについて，"中心部分"に合致しているか，再度チェックしよう。

解き方

「進取」はその漢字の意味から考えて，「進んで取り組む」ということなので，Bの「他国の領土に入り込む」Dの「財産管理を人に頼む」ははなはだ的はずれといえる。よって，BとDは×（バツ）。

残るは，A，C，Eであるが，Eの「次々に動いていく」は"中心部分"からずれているので×。AとCを比較すると，Aの「発展」，Cの「取り組み」から，Cが最も合致しているといえる。

例文を覚える

熟語の意味を覚える場合，例文を使って，その意味を覚えるのが最もスピーディであるし，正確であると考えられる。

「進取」の場合，「進取の気性に富む」「進取の精神をモットーにする」などがある。

解答　C

次の意味に該当する語句を選びなさい。

「不注意などのために，物をなくすこと。」

A　紛　失　　　B　消　失　　　C　消　滅
D　喪　失　　　E　失　脚

Point
・Aの「紛失」から始め，B，C，D，Eと
1つひとつ検討してみよう。
・その際，それぞれの熟語について自分が抱
いているイメージをもとに，正誤を判断し
てみよう。
・正誤の判断に迷ったら，それぞれの熟語の例文を考えてみよう。

> 1つひとつ
> 検討してみよう

スピード力を身につけよう

　会社では，正確さととも
にスピードが求められる。
同じ仕事をいつまでもダラ
ダラしていられたら，会社
は利益があがらない。した
がって，SPIでもスピード
が求められる。
　スピードを上げるために
は集中力が強く求められる
ので，1つのことに集中し，
それを継続する能力を身に
つけよう。

解 き 方

それぞれの熟語には，次のような例文がある。
A：紛失（ふんしつ）……物がどこかにまぎれてなくなるこ
と。
　例文　・定期を紛失する。
　　　　・大事な書類を紛失する。
B：消失（しょうしつ）……それまであったものがすっかり
なくなること。
　例文　・権利が消失する。
　　　　・意識が消失する。
C：消滅（しょうめつ）……消えてなくなること。
　例文　・自然消滅する。
　　　　・期限が切れ，権利が消滅する。
D：喪失（そうしつ）……心の中などにある大切なものを失
ってしまうこと。
　例文　・記憶喪失になる。
　　　　・自信喪失になる。
E：失脚（しっきゃく）……失敗して，それまでの地位を失
うこと。
　例文　・クーデターで失脚する。
　　　　・収賄で失脚する。

解答　A

1　次の語句の意味として，最も合致するものはどれか。

① 〔黙　秘〕
　　A　だまって，なにも言わないでいること。
　　B　言葉数が少なくて，だまりがちであること。
　　C　自分から積極的に話しかけないこと。
　　D　自分に不利なことはだまっていて，何も答えない
　　　　こと。
　　E　聞かれたことしか答えないこと。

例　文
「黙秘権を行使する」
「沈黙は金」
「寡黙な人」

② 〔分　担〕
　　A　一つにまとまっていたものをばらばらにすること。
　　B　わけて，それぞれにくばること。
　　C　みんなでわけて受け持つこと。
　　D　一つにまとまっていたものがいくつかに分かれる
　　　　こと。
　　E　広い地域にわたってひろがっていること。

「責任を分担する」
「仕事を分担する」
「空中分解」
「土地を分割する」

③ 〔折　衝〕
　　A　利害のくい違う相手とかけひきをすること。
　　B　外国と交渉を行うこと。
　　C　外部との連絡，交渉を行うこと。
　　D　用事などをしてくれるように人に頼むこと。
　　E　確かだと思って信じること。

「折衝に当たる」
「折衝を重ねる」
「外交辞令」
「渉外係」

④ 〔演　説〕
　　A　大勢の前で自分の主義・主張を述べること。
　　B　学問を相手にわかるように説いてきかせること。
　　C　落語などの口頭の芸を演じること。
　　D　話術が巧みで，説得力のある話しぶりのこと。
　　E　本人に代わり，意見を述べること。

「演説に耳を傾ける」
「大学の講義」
「浪曲の口演」

2 次の意味に該当する語句を選びなさい。

例　文

「脱線事故の復旧作業」
「旧制度を復活する」

① 「一度衰えてしまったものがもとの状態になること」
　　A　更　生　　　　B　復　旧　　　　C　還　元
　　D　復　活　　　　E　蘇　生

「風情がない」
「江戸情緒」

② 「その物に接したときに受ける，しみじみとした特有の雰囲気のこと」
　　A　親　身　　　　B　風　情　　　　C　愛　想
　　D　情　緒　　　　E　懇　意

「奇妙な話」
「複雑怪奇」

③ 「普通とは異なる変な感じがすること」
　　A　奇　妙　　　　B　怪　奇　　　　C　奇　抜
　　D　珍　奇　　　　E　特　異

「平然とうそをつく」
「一同啞然とする」

④ 「落ち着いて物事に動じないさまのこと」
　　A　平　気　　　　B　平　然　　　　C　平　凡
　　D　茫　然　　　　E　啞　然

「力量が問われる」
「性能のよい自動車」

⑤ 「機械などの働きぐあいのこと」
　　A　力　量　　　　B　器　量　　　　C　能　力
　　D　職　能　　　　E　性　能

解答・解説　　　語句の意味　①

1 |解答| ①D　②C　③A　④A
　|解説| ①A—「沈黙」の意味。B—「寡黙」の意味。D—「自分に不利なことはだまる」の箇所がポイント。②A—「分解」の意味。B—「分配」の意味。D—「分割」の意味。E—「分布」の意味。③B—「外交」の意味。C—「渉外」の意味。D—「依頼」の意味。E—「信用」の意味。④B—「講義」の意味。C—「口演」の意味。D—「雄弁」の意味。E—「代弁」の意味。
2 |解答| ①D　②D　③A　④B　⑤E
　|解説| ①蘇生……生き返ること。②風情……あるものがもっている独特の趣や味わいのこと。③怪奇……あやしく不思議なさまのこと。④平気……苦しいことなどがあってもいつもの態度や気持ちが変わらないこと。⑤器量……ある地位や役職をこなしていくのにふさわしい能力のこと。

1　次の語句の意味として，最も合致するものはどれか。

① 〔使　命〕

A　勤め先に行って仕事をすること。

B　上位の者が下位の者に言いつけること。

C　当然しなければならない事柄。

D　やりとげるように与えられた任務のこと。

E　それぞれに役を割り当てること。

例　文

「使命をおびる」

「義務教育」

「役割を決める」

② 〔放　棄〕

A　人などほうっておいてはいけないものを，そのまま捨てておくこと。

B　自分の方から捨ててしまうこと。

C　投げ捨てること。

D　焼き捨てること。

E　いらなくなったものを捨てること。

「試合を放棄する」

「死体遺棄」

「海中に汚物を投棄する」

「ごみ焼却場」

③ 〔浸　食〕

A　他国の領土に攻め入ること。

B　他人の権利などに損害を与えること。

C　水などが岩などを少しずつけずりとっていくこと。

D　他国の領土や権利などをおかすこと。

E　他の部分にだんだんくいこんで，おかしていくこと。

「河川の浸食作用」

「侵略戦争」

「人権侵害」

「領土を侵食する」

④ 〔支　持〕

A　同じ考えだと言って賛成すること。

B　人の意見や考え方に同意すること。

C　他の説にむやみに同意すること。

D　多くの人が一つのことに心をあわせること。

E　ある意見や方針に賛成して，それを応援すること。

「〜政党を支持する」

「多数の賛同を得る」

「提案に賛成する」

「付和雷同」

2 次の意味に該当する語句を選びなさい。

① 「多くの人にいきわたるようにくばること」

    A 配 達　　　B 配 送　　　C 配 給

    D 配 布　　　E 集 配

例 文

「配送業者」

「ビラの配布」

② 「ある物事をするのに必要とすること」

    A 所 要　　　B 必 須　　　C 肝 心

    D 必 需　　　E 貴 重

「所要時間」

「日常生活の必需品」

③ 「さわやかで，気持ちがいいこと」

    A 快 適　　　B 釈 然　　　C 爽 快

    D 愉 快　　　E 痛 快

「快適な乗り心地」

「爽快な気分」

「愉快な一日を過ごす」

④ 「ある事柄について二人で向かい合って語り合うこと」

    A 会 話　　　B 対 談　　　C 面 談

    D 座 談　　　E 談 話

「対談番組」

「座談会」

「談話室」

⑤ 「日頃の苦労にむくいて，ゆっくり楽しんでもらうこと」

    A 歓 楽　　　B 慰 安　　　C 娯 楽

    D 慰 問　　　E 真 情

「歓楽街」

「社員の慰安旅行」

解答・解説　　語句の意味　②

1 | 解答 | ①D　②B　③C　④E

| 解説 | ①A—「勤務」の意味。C—「義務」の意味。E—「役割」の意味。②A—「遺棄」の意味。C—「投棄」の意味。D—「焼却」の意味。E—「廃棄」の意味。③A—「侵略」の意味。B—「侵害」の意味。E—「侵食」の意味。④A—「賛同」の意味。B—「賛成」の意味。C—「雷同」の意味。

2 | 解答 | ①D　②A　③C　④B　⑤B

| 解説 | ①配給……品物などを割り当てて配ること。②必須……どうしても必要なこと。　必需……必ずいること。③快適……具合がよくて，気持ちのよいこと。　愉快……おもしろくて，うかれるような気分のこと。④座談……数人が同席して気楽に話し合うこと。談話……くつろいで話をすること。⑤歓楽……よろこび，楽しむこと。　慰問……見舞って，慰めること。

4 四字熟語, ことわざ・慣用句

例題1

次の二語の関係を考え，これと同じ関係になるような語句を選びなさい。

① 大 胆：不 敵——悪 戦：〔　　　〕
　A 駆 逃　　　　B 苦 倒　　　　C 苦 討
　D 駆 盗　　　　E 苦 闘

② 虎 穴：虎 子——李 下：〔　　　〕
　A 冠　　　　　　B 瓜 田　　　　C 手 塩
　D 桃　　　　　　E 門 前

Point "どこかで見た漢字"だけど，二語の関係がよくわからない場合，これらの関係は次のケースが多い。
　⇨四字熟語の関係
　⇨ことわざ・慣用句の関係

解き方

① 「大胆」「不敵」といえば，「大胆不敵」という四字熟語が思い浮かぶ。したがって，「悪戦〜」という四字熟語を考えればよい。「悪戦」とは，「不利な状況下で強い相手に苦戦すること」である。これに最も近い意味は，Eの「苦闘」である。

解答 E

② 「虎穴に入らずんば虎子を得ず」ということわざがある。したがって，「李下」を使ったことわざ・慣用句を探せばよい。「李下に冠を正さず」。また，「李下に冠を正さず」の **類語** として，「瓜田(かでん)に履(くつ)を納(い)れず」がある。

解答 A

四字熟語の組み立て

　これにはいくつかのパターーンがあるが，その1つ目が
□□＝□□
つまり，悪戦＝苦闘
　　　　天変＝地異
　　　　完全＝無欠
2つ目が
□□↔□□
つまり，朝令↔暮改
　　　　空前↔絶後
　　　　東奔↔西走
3つ目が
〔□↔□〕 ↔ 〔□↔□〕
〔喜↔怒〕 ↔ 〔哀↔楽〕
〔老↔若〕 ↔ 〔男↔女〕

例題２

次の四字熟語の意味に最も合致しているものはどれか。

「意気消沈」

A　とても元気であること。　　B　相手の言いなりになること。
C　互いに気持ちがぴったりと一致すること。
D　がっかりすること。　　　　E　威勢のよいさまのこと。

Point

・四字熟語の組み立てがどうなっているか，考えること。
・パターンには，これらのものもある。

□□は□□だ………時期尚早　佳人薄命　理路整然
□□を□□する……自画自賛　責任転嫁　暗中模索
□□が□□する……孤軍奮闘　主客転倒　言行一致
□・□・□・□……東西南北　花鳥風月　起承転結

補足

「意気消沈」の対義語（反対語）は「意気衝天」。

（解き方）

「意気消沈」は，"□□が□□する"に該当する。つまり，"意気が消沈する"。したがって，「元気がなくなり，がっかりすること」という意味になる。

解答　D

例題３

次のことわざの意味に最も合致しているものはどれか。

「泣き面に蜂」

A　権力のある者には反抗しないで従ったほうが得であるということ。
B　無関心でとりあわない態度をとること。
C　悪いことの上にさらに悪いことが起こること。
D　先行きの見通しがまったく立たないこと。
E　やりくりがつかなくなること。

ことわざの意味の把握の仕方

英語でいう直訳をして，それから意訳する。

（解き方）

「泣き面に蜂」とは，「泣いている顔を蜂がさすこと」である。"泣いている"のは"つらい"ので泣いているのだから，"悪いことが重なること"という意味になる。

解答　C

1 はじめに示された二語の関係を考え，これと同じ関係になるような語句を選びなさい。

① 七 転：八 起——前 人：(　　　)

　 A 不到　B 未達　C 未聞　D 未到　E 不踏

② 傍 若：無 人——山 紫：(　　　)

　 A 水明　B 幽谷　C 風月　D 青松　E 絶壁

③ 絶 体：絶 命——悪 事：(　　　)

　 A 盗泉　B 流転　C 不乱　D 一生　E 千里

④ 以 心：伝 心——一 挙：(　　　)

　 A 一番　B 一動　C 一致　D 一厘　E 一行

⑤ 弘 法：筆——(　　　)：皮算用

　 A とら　　　 B うさぎ　　　 C いのしし
　 D 狸　　　　 E きりん

⑥ 覆 水：盆——江戸の敵：(　　　)

　 A 堺　B 長崎　C 浦賀　D 大坂　E 博多

⑦ 他 山：石——(　　　)を逐う者：山

　 A 猿　B とら　C 鹿　D 狼　E 馬

⑧ 衣 食：礼 節——(　　　)：崩す

　 A ひざ　B 肩　C あご　D 口　E 手

2 四字熟語の意味に最も合致しているものを選びなさい。

① 「海千山千」

　 A 同時に二つの物事はできないことのたとえ。
　 B 道理・人道にはずれていること。
　 C 遠慮せず，ずけずけ物を言う人のこと。
　 D 長い経験を積んで，ずるがしこくなっていること。
　 E ただがむしゃらに物事を行うさまのこと。

同義語として，「馬の耳
に念仏」，類義語として
「犬に論語」などがある。

② 「馬耳東風」
　A　いくら忠告や意見をしても，一向に効き目のないこと。
　B　他の人に聞こえないように，小さな声で話すこと。
　C　少しばかりの援助ではまったくききめがないこと。
　D　とばっちりを食うこと。
　E　思いがけない幸運が舞い込むことのたとえ。

「晴れた日は外に出て田
畑を耕し，雨の日には家
の中で読書を楽しむ」と
いうこと。

③ 「晴耕雨読」
　A　過去の争いごとをすべてなかったことにすること。
　B　経験がないので，実際には役に立たないことのたとえ。
　C　定職につかず思いのままに心静かな生活をすること。
　D　月日がどんどん過ぎていくことのたとえ。
　E　たがいに思いやりの心をもって助け合うこと。

「夏の火鉢と冬の扇」ど
ちらも役に立たない。

④ 「夏炉冬扇」
　A　仲の悪い者同士がたまたま同じ場所にいることのたと
　　え。
　B　物事が思うようにいかないこと。
　C　時宜に合わない無用なもののたとえ。
　D　他人を出しぬいて人より先に利益になることをするこ
　　と。
　E　相場などがどこまで上がるかわからない状態のたとえ。

「玉と石が入りまじって
いる」こと。類義語として，
「味噌も糞も一緒」。

⑤ 「玉石混交」
　A　いろいろのことをしてみた結果のこと。
　B　すぐれたものとつまらないものとが入りまじっている
　　こと。
　C　あり得ないことが起こること。
　D　簡単に多くの利益を得ることのたとえ。
　E　非常に驚いたり感心したりすること。

解答・解説	四字熟語，ことわざ・慣用句　①

1 　解答　①D　②A　③E　④B　⑤D　⑥B　⑦C　⑧A
　　解説　⑤捕らぬ狸の皮算用　⑥江戸の敵を長崎で討つ　⑦鹿を逐う者は山を見ず　⑧ひざを
　　　　　崩す
2 　解答　①D　②A　③C　④C　⑤B

練習問題 四字熟語，ことわざ・慣用句 ②

1 はじめに示された二語の関係を考え，これと同じ関係になるような語句を選びなさい。

① 日　進：月　歩——旧　態：（　　　　）
　　A　以前　　B　依然　　C　唯善　　D　衣禅　　E　為漸

② 無　我：夢　中——意　味：（　　　　）
　　A　慎重　　B　深重　　C　深調　　D　深長　　E　慎調

③ 異　口：同　音——大　山：（　　　　）
　　A　騒然　　B　風発　　C　与奪　　D　烈日　　E　鳴動

④ 急　転：直　下——粉　骨：（　　　　）
　　A　砕身　　B　細身　　C　砕心　　D　細心　　E　砕針

⑤ 鳶：鷹——（　　　　）：方円の器
　　A　舟　　B　海　　C　水　　D　川　　E　火

⑥ 情　け：人の為——（　　　　）：藍より出でて
　　A　青　　B　赤　　C　緑　　D　白　　E　黒

⑦ 三　人：文　殊——角を矯めて：（　　　　）
　　A　馬　　B　豚　　C　犬　　D　牛　　E　猿

⑧ 花：団　子——木に縁りて：（　　　　）
　　A　蛙　　B　亀　　C　魚　　D　雀　　E　鳩

意　味

日進月歩……絶えず変化していること。

無我夢中……あることに心を奪われ，自分を忘れてしまうこと。

異口同音……多くの人が同じことを言うこと。

急転直下……事態が急に変わり，解決すること。

鳶が鷹を生む……平凡な親から優秀な子供が生まれること。

情けは人の為ならず……人に情けをかけていれば，自分によい報いとなって返ってくること。

三人寄れば文殊の知恵……三人集まって考えれば，よい知恵が出てくるということ。

花より団子……風流なことより利益につながるもののほうがよいということ。

2 ことわざ・慣用句の意味に最も合致しているものを選びなさい。

① 「背水の陣」
　　A　無関心でとりあわない態度をとること。
　　B　当然のことで理屈に合っていること。
　　C　必死の覚悟で事にあたること。
　　D　必要とされる条件がすべて整っていること。
　　E　仲の悪い者同士が力を合わせて助け合うこと。

ミニ知識

「背水の陣」とは，川などを背にした決死の陣立てのこと。したがって，一歩もあとにはしりぞくことはできない。

「生きている馬の目玉を抜き取る」ということから。

② 「生き馬の目を抜く」
    A あり得ないことが起こること。
    B 人のすきにつけこんで，すばやく利益を得ること。
    C 少しの手ぬかりもなく厳重なようすのこと。
    D 物事が順調に進むことのたとえ。
    E 他人に害を加えようとして，自分がひどい目にあうこと。

「ぬすみ食いをした後，口のまわりの食べかすをふいて食べなかったふりをする」ことから。

③ 「口をぬぐう」
    A 不満そうな顔つきをすること。
    B 自分の考えを述べないこと。
    C 多くの人に同じことを言うこと。
    D 沈黙を守ること。
    E 悪いことをしておいて，していないふりをすること。

類義語 として，「猿も木から落ちる」「弘法にも筆の誤り」「上手の手から水が漏る」がある。

④ 「河童の川流れ」
    A よく気がきくことのたとえ。
    B 失敗をして恥をかくこと。
    C 勢いに乗って物事を行うこと。
    D どんな名人でも，たまには失敗するということ。
    E 子供は親に似るものであるということのたとえ。

「鯛はくさっても，どこかに鯛らしさがある」ことから。
対義語 として，「麒麟も老いては駑馬に劣る」がある。

⑤ 「腐っても鯛」
    A 真にすぐれたものはどんな状態になってもそれなりの値打ちがあるということ。
    B 立派な人物にくだらない仕事をさせることのたとえ。
    C どんなものでも使いみちがあること。
    D 実際よりおおげさに言わないこと。
    E ほかの人に先を越されること。

解答・解説　四字熟語，ことわざ・慣用句　②

1 解答 ①B　②D　③E　④A　⑤C　⑥A　⑦D　⑧C
  解説 ⑤水は方円の器に随う　⑥青は藍より出でて藍より青し　⑦角を矯めて牛を殺す　⑧
    木に縁りて魚を求む
2 解答 ①C　②B　③E　④D　⑤A

1 四字熟語の意味に最も合致しているものを選びなさい。

① 「温故知新」

A 土地によって風俗・習慣が変わってくるということ。

B 大勢集まっている人がしんと静まりかえること。

C 自分で自分をほめること。

D 過去の研究から新しい知識を見つけること。

E いくら考えてもよい考えが浮かばないこと。

ミニ知識
「故きを温ねて新しきを知る」とも言う。

② 「青天白日」

A 非情におどろくことのたとえ。

B 心にやましいところがまったくないこと。

C 小さなことを大げさに言いふらすこと。

D 自分の思うままであること。

E 世間に知れわたり，有名になること。

「青天」は青空，「白日」は太陽の意である。

晴天白日（×）

③ 「有為転変」

A 前の人のやった失敗と同じような失敗をすること。

B 心の狭い人は大人物の心を理解できないということ。

C 力の続く限り努力すること。

D 負けた者が態勢を立て直し，反撃すること。

E 世の中の物事が変化してやまないこと。

類義語 としては，「有為無常」「諸行無常」がある。「有為」とは，現実の現象のこと。

④ 「優柔不断」

A 態度がはっきりせず，物事の決断がにぶいこと。

B なんの手ごたえも，効きめもないことのたとえ。

C わきからよけいなことを言ってじゃますること。

D 自分の言ったことがつじつまが合わなくなること。

E 常識では考えられないことを言ったりすること。

類義語 としては，「意志薄弱」，対義語 としては，「勇猛果敢」などがある。

⑤ 「荒唐無稽」

A でたらめで，まったく根拠がないこと。

B 相手のうまい言葉にすっかりだまされること。

C 実力がない者がいくら力んでもむだなことのたとえ。

D ほかの人にめんどうをかけること。

E 簡単に多くの利益を得ることのたとえ。

「荒唐」は "中身がなくでたらめなこと"，「無稽」は "考えるべき根拠のないこと"。

2 ことわざ・慣用句の意味に最も合致しているものを選びなさい。

① 「暮れぬ先の提灯」

A あることをいつまでもうらんで忘れないこと。

B 人のために働き,尽くすこと。

C 将来のよい機会を待ってじっとしていること。

D 手まわしがよすぎて間が抜けていること。

E 月日はどんどん過ぎていくということ。

② 「破れ鍋にとじ蓋」

A 似たり寄ったりであること。

B つり合わないもののたとえ。

C だれにでも相応の配偶者があること。

D 自分の都合のいいように数をごまかしてかぞえること。

E 他人の物をめずらしがって欲しがること。

③ 「医者の不養生」

A 人には立派なことを言いながら,自分は実践していないこと。

B 応用や融通のきかないことのたとえ。

C あらさがしをすること。

D 冗談で言ったことが真実になること。

E 立派な人にも間違いはあるというたとえ。

④ 「頭をもたげる」

A 集まった人の能力などがそろっていて,すぐれていること。

B 値段が普段よりずっと高くなること。

C しだいに勢力を得ること。

D ある人や物事にのぼせあがること。

E 立派な業績をあげて,名前が歴史に残ること。

⑤ 「人間到る処青山あり」

A 将来のことはだれも予測がつかないこと。

B 人間が活動する場所はどこにでもあるということ。

C 長い間,一つの事に打ちこんで熟練すること。

D 多くの人々が繰り出して,物事に対処すること。

E 飾り気がなく,無邪気であること。

1 解答　①D　②B　③E　④A　⑤A
2 解答　①D　②C　③A　④C　⑤B

CHECK　　四 字 熟 語

☐	大胆不敵	だいたんふてき	☐	優柔不断	ゆうじゅうふだん
☐	悪戦苦闘	あくせんくとう	☐	荒唐無稽	こうとうむけい
☐	意気消沈	いきしょうちん	☐	一朝一夕	いっちょういっせき
☐	七転八起	しちてんはっき	☐	危機一髪	ききいっぱつ
☐	前人未到	ぜんじんみとう	☐	臨機応変	りんきおうへん
☐	傍若無人	ぼうじゃくぶじん	☐	言語道断	ごんごどうだん
☐	山紫水明	さんしすいめい	☐	栄枯盛衰	えいこせいすい
☐	絶体絶命	ぜったいぜつめい	☐	喜怒哀楽	きどあいらく
☐	悪事千里	あくじせんり	☐	同床異夢	どうしょういむ
☐	以心伝心	いしんでんしん	☐	厚顔無恥	こうがんむち
☐	一挙一動	いっきょいちどう	☐	電光石火	でんこうせっか
☐	海千山千	うみせんやません	☐	一期一会	いちごいちえ
☐	馬耳東風	ばじとうふう	☐	呉越同舟	ごえつどうしゅう
☐	晴耕雨読	せいこううどく	☐	内柔外剛	ないじゅうがいごう
☐	夏炉冬扇	かろとうせん	☐	弱肉強食	じゃくにくきょうしょく
☐	玉石混交	ぎょくせきこんこう	☐	大器晩成	たいきばんせい
☐	日進月歩	にっしんげっぽ	☐	主客転倒	しゅかくてんとう
☐	旧態依然	きゅうたいいぜん	☐	縦横無尽	じゅうおうむじん
☐	無我夢中	むがむちゅう	☐	前代未聞	ぜんだいみもん
☐	意味深長	いみしんちょう	☐	単刀直入	たんとうちょくにゅう
☐	異口同音	いくどうおん	☐	正真正銘	しょうしんしょうめい
☐	大山鳴動	たいざんめいどう	☐	諸行無常	しょぎょうむじょう
☐	急転直下	きゅうてんちょっか	☐	因果応報	いんがおうほう
☐	粉骨砕身	ふんこつさいしん	☐	一騎当千	いっきとうせん
☐	温故知新	おんこちしん	☐	天変地異	てんぺんちい
☐	青天白日	せいてんはくじつ	☐	一触即発	いっしょくそくはつ
☐	有為転変	ういてんぺん	☐	優勝劣敗	ゆうしょうれっぱい

☐	起死回生	きしかいせい	☐	我田引水	がでんいんすい
☐	朝令暮改	ちょうれいぼかい	☐	青息吐息	あおいきといき
☐	自業自得	じごうじとく	☐	針小棒大	しんしょうぼうだい
☐	天衣無縫	てんいむほう	☐	人跡未踏	じんせきみとう
☐	暗中模索	あんちゅうもさく	☐	暖衣飽食	だんいほうしょく
☐	順風満帆	じゅんぷうまんぱん	☐	不倶戴天	ふぐたいてん
☐	疑心暗鬼	ぎしんあんき	☐	無為無策	むいむさく
☐	花鳥風月	かちょうふうげつ	☐	深謀遠慮	しんぼうえんりょ
☐	時代錯誤	じだいさくご	☐	危急存亡	ききゅうそんぼう
☐	奇想天外	きそうてんがい	☐	快刀乱麻	かいとうらんま
☐	抱腹絶倒	ほうふくぜっとう	☐	一宿一飯	いっしゅくいっぱん
☐	画竜点睛	がりょうてんせい	☐	美人薄命	びじんはくめい
☐	一念発起	いちねんほっき	☐	表裏一体	ひょうりいったい
☐	神出鬼没	しんしゅつきぼつ	☐	三日坊主	みっかぼうず
☐	右往左往	うおうさおう	☐	油断大敵	ゆだんたいてき
☐	雲散霧消	うんさんむしょう	☐	有象無象	うぞうむぞう
☐	牛飲馬食	ぎゅういんばしょく	☐	岡目八目	おかめはちもく
☐	興味津津	きょうみしんしん	☐	枝葉末節	しようまっせつ
☐	三拝九拝	さんぱいきゅうはい	☐	立身出世	りっしんしゅっせ
☐	五臓六腑	ごぞうろっぷ	☐	不老不死	ふろうふし
☐	十人十色	じゅうにんといろ	☐	公平無私	こうへいむし
☐	薄利多売	はくりたばい	☐	捲土重来	けんどちょうらい
☐	和洋折衷	わようせっちゅう	☐	合従連衡	がっしょうれんこう
☐	明鏡止水	めいきょうしすい	☐	一刀両断	いっとうりょうだん
☐	千変万化	せんぺんばんか	☐	虚心坦懐	きょしんたんかい
☐	悪口雑言	あっこうぞうごん	☐	国士無双	こくしむそう
☐	津津浦浦	つつうらうら	☐	前後不覚	ぜんごふかく
☐	羊頭狗肉	ようとうくにく	☐	大願成就	たいがんじょうじゅ
☐	勧善懲悪	かんぜんちょうあく	☐	被害妄想	ひがいもうそう
☐	一心不乱	いっしんふらん	☐	富国強兵	ふこくきょうへい
☐	行雲流水	こううんりゅうすい	☐	唯一無二	ゆいいつむに
☐	空理空論	くうりくうろん	☐	前途洋洋	ぜんとようよう
☐	紆余曲折	うよきょくせつ	☐	首尾一貫	しゅびいっかん

CHECK　ことわざ・慣用句

□虎穴に入らずんば虎子を得ず……なにごとも危険を冒さなければ成功を収めることは
　　　　　できないというたとえ。

□李_り下_かに冠を正さず……疑われるような行為はすべきではないといういましめ。

□泣き面に蜂……悪いことの上にさらに悪いことが起こること。

□弘_{こう}法_{ぼう}にも筆の誤り……どんなすぐれた人もたまには失敗することがあるということ。

□捕らぬ狸_{たぬき}の皮算用……まだ手に入れていないうちからあてにして，もうけを計算し
　　　　　たり，あれこれ計画を立てること。

□覆水盆に返らず……一度失敗すると元どおりにはならないということ。

□江戸の敵_{かたき}を長崎で討_うつ……思いがけない所で筋ちがいなことで仕返しをすることの
　　　　　たとえ。

□他山の石……自分と直接関係のない他の人の失敗などを自分のために役立てること。

□鹿を逐_おう者は山を見ず……ひとつのことに夢中になっていると，ほかのことを顧みる
　　　　　ゆとりがなくなること。

□衣食足りて礼節を知る……生活にゆとりができてはじめて，人は礼儀正しさなどをわ
　　　　　きまえるということ。

□ひざを崩す……あぐらなどの楽なすわり方をすること。

□鳶_{とび}が鷹_{たか}を生む……平凡な親から優秀な子供が生まれること。

□水は方円の器に随_{したが}う……人は友人や環境によってよくも悪くもなるというたとえ。

□情けは人の為ならず……人に情けをかけていれば，めぐりめぐって自分によい報いと
　　　　　なって返ってくること。

□青は藍_{あい}より出でて藍より青し……教えた人よりも教えられた人のほうがまさってしま
　　　　　うことのたとえ。

□三人寄れば文殊の知恵……三人集まって考えれば，よい知恵が出てくるということ。

□角を矯_ためて牛を殺す……わずかな欠点を直そうとして，全体をだめにしてしまうこと
　　　　　のたとえ。

□花より団子……風流なことより，実質的な利益につながるもののほうがよいというこ
　　　　　と。

CHECK　ことわざ・慣用句

□木に縁りて魚を求む……方法が見当違いだと，とうてい成功する見込みはないということ。

□背水の陣……**必死の覚悟で事にあたること。**

□生き馬の目を抜く……人のすきにつけこんで，すばやく利益を得ること。

□口をぬぐう……悪いことをしておいて，していないふりをすること。

□河童の川流れ……どんな名人でも，たまには失敗するということ。

□腐っても鯛……真にすぐれたものはどんな状態になってもそれなりの値打ちがあるということ。

□暮れぬ先の提灯……手まわしがよすぎて間が抜けていること。

□破れ鍋にとじ蓋……だれにでも相応の配偶者があること。

□医者の不養生……人には立派なことを言いながら，自分は実践していないこと。

□頭をもたげる……しだいに勢力を得ること。

□人間到る処青山あり……人間が活動する場所はどこにでもあるということ。

□君子危うきに近寄らず……教養があり徳の高い人は，危険とわかっていることにははじめから近寄らず身をつつしむということ。

□虻蜂とらず……二つのものを一度にとろうとして，どちらも逃がしてしまうこと。

□井の中の蛙大海を知らず……自分だけのせまい知識や見方がすべてと思い，ほかに広い世界があることを知らないこと。

□亀の甲より年の劫……年長者の意見は大切にしなければならないこと。

□待てば海路の日和あり……我慢していれば，やがて幸せなことがやってくること。

□口は禍の門……ものを言うときは，ことばに注意しなさいということ。

□青天の霹靂……思いがけなく起こる突然の出来事のこと。

□栴檀は双葉より芳し……大成するような人は幼少のときからすぐれた素質などがみられるということ。

□百年河清を俟つ……いくら待ち望んでいても不可能であるということ。

5　同音異義語・同訓異字

例題1

＿＿＿線部のことばと近い意味で使われているものを選びなさい。

① 彼は成長カテイにある。

  A　明るいカテイを築く。　　　B　事実だとカテイして考えてみる。

  C　結婚してカテイに入る。　　D　その計画は進行カテイにする。

  E　3年のカテイを修了する。

② 係員のセイシを振り切る。

  A　セイシ工場に勤務する。　　B　セイシ衛星を打ち上げる。

  C　群衆をセイシする。　　　　D　セイシするに忍びない。

  E　セイシの境をさまよう。

Point

最初は，使われている意味をよく考えて，漢字に直してみる。
↓
それで正解が見つからない場合，例文とA～Eで使われている意味を比較・検討してみる。

解き方

① 例文の＿＿＿線部を漢字に直すと「過程」。

  A～Eの＿＿＿線部を漢字に直すと，A：家庭，B：仮定，C：家庭，D：過程，E：課程。

  「過程」はプロセスのことなので，それを頭に入れてA～Eの文を読めば，Dが例文と近い意味で使われていることがわかる。なお，AとCが「家庭」であるようにA～Eの中に同じ熟語が使われていることが多いことを覚えておこう。

 正解　D

② 例文の＿＿＿線部を漢字に直すと「制止」。

  A～Eの＿＿＿線部を漢字に直すと，A：製紙，B：静止，C：制止，D：正視，E：生死。

  「制止」とは，他人の言動を押しとどめることである。「セイシ」の同音異義語はこれらのほかに，「世子」「正史」「正使」「姓氏」「精子」「製糸」「誓紙」「誓詞」「静思」などがある。

 正解　C

確認

  同音異義語とは，発音は同じであるものの，それが表す意味が異なる語をいう。

  日本人は無意識にそれらを使い分けているが，外国人にとっては日本語をマスターする際の大きな壁になっている。

例題2

　　＿＿線部のことばと近い意味で使われているものを選びなさい。

① 会議の議長をツトメル。

　A　市役所にツトメル。　　　　B　生産性の向上にツトメル。
　C　結婚式の仲人をツトメル。　D　紛争解決にツトメル。
　E　営業マンとしてツトメル。

② 一番上の兄とは馬がアウ。

　A　交通事故にアウ。　　B　東京のホテルで友達とアウ。
　C　来客とアウ。　　　　D　親の強い反対にアウ。
　E　この服にはあのネクタイがアウ。

Point
同訓異義語の問題を解くのは難しいので，消去法を使うとよい。つまり，例文の意味と異なると考えられるものを1つひとつカットし，残ったものについて比較・検討してみる。

解き方

① 例文の＿＿線部を漢字に直すと「務める」。
　　A～Eの＿＿線部を漢字に直すと，A：勤める，B：努める，C：務める，D：努める，E：勤める。
　　「務」の意味は役目を行うということ。「努」の意味は努力するということ。「勤」の意味は勤務するということ。

正解　C

② 例文の＿＿線部を漢字に直すと「合う」。
　　A～Eの＿＿線部を漢字に直すと，A：遭う，B：会う，C：会う，D：遭う，E：合う。
　　「合」の意味は合致するということ。「会」の意味は人が出会うということ。「遭」の意味は悪いことに遭遇するということ。

正解　E

1　＿＿線部のことばと近い意味で使われているものを選びなさい。

① フキュウの用件を後回しにする。
　A　不眠フキュウで受験勉強をする。
　B　これはフキュウの名作といわれている。
　C　パソコンが全国にフキュウする。
　D　フキュウ率はいまだ30％にも満たない。
　E　不要フキュウの外出を禁止する。

アシスト

　右に挙げた「フキュウ」のほかに，「フキュウ（腐朽）した家屋」がある。

② 福利コウセイを拡充する。
　A　コウセイに名を残す。
　B　悪の道からコウセイする。
　C　コウセイ年金に加入する。
　D　コウセイに転ずる。
　E　太陽はコウセイの１つである。

アシスト

「コウセイ（公正）証書」「コウセイ（校正）刷り」「家族コウセイ（構成）」などもある。

③ カイキとは元の状態にもどることをいう。
　A　カイキの延長を検討する。
　B　複雑カイキな事件が発生する。
　C　父のカイキ祝いを盛大に行う。
　D　来年は祖母の７カイキである。
　E　太陽は夏至のときに北カイキ線の真上にくる。

アシスト

　確実に消せるものをカットしていき，最後は冷静に考えてみる。

2　＿＿線部のことばと近い意味で使われているものを選びなさい。

① 茶わんがカケル。
　A　保険をカケル。　　　B　あの人は常識にカケル。
　C　研究に命をカケル。　D　大きな橋をカケル。
　E　ドアにかぎをカケル。

アシスト

「馬がカ（駆）ける」「競輪で１千円を（賭）ける」などもある。

② 最前列の席を<u>トル</u>。
 A 手の汚れを<u>トル</u>。　　　　B 人の財布を<u>トル</u>。
 C 十分な栄養を<u>トル</u>。　　　D 今年，新人を30人<u>トル</u>。
 E 海外で映画を<u>トル</u>。

③ これで暮らしが<u>タツ</u>。
 A 敵の退路を<u>タツ</u>。　　　　B 社内でうわさが<u>タツ</u>。
 C 駅前に銅像が<u>タツ</u>。　　　D 関係を永遠に<u>タツ</u>。
 E 午前8時に羽田空港を<u>タツ</u>。

解答・解説　　同音異義語・同訓異字

問1　解答 ①E ②C ③E

解説 ①例文の**フキュウ**を漢字に直すと「不急」。つまり，急を要しない用件を後回しにするということ。A〜Eの＿＿線部を漢字に直す，A：「不休」，B：「不朽」，C：「普及」，D：「普及」，E：「不急」。②例文の**コウセイ**を漢字に直すと「厚生」。「厚生」とは，人間の暮らしを豊かにすること。A〜Eの＿＿線部を漢字に直すと，A：「後世」，B：「更生」，C：「厚生」，D：「攻勢」，E：「恒星」。③例文の**カイキ**を漢字に直すと「回帰」。「古代への回帰」「原点への回帰」などとして使われる。A〜Eの＿＿線部を漢字に直すと，A：「会期」，B：「怪奇」，C：「快気」，D：「回忌」，E：「回帰」。

問2　解答 ①B ②A ③B

解説 ①例文の**カケル**を漢字に直すと「欠ける」。「欠ける」は，このほかに，「月が欠ける」「人員が欠ける」などで使われる。A〜Eの＿＿線部を漢字に直すと，A：「掛ける」，B：「欠ける」，C：「懸ける」，D：「架ける」，E：「掛ける」。②例文の**トル**を漢字に直すと「取る」。「取る」はこのほかに，「メモを取る」「資格を取る」「責任を取る」などで使われる。A〜Eの＿＿線部を漢字に直す，A：「取る」，B：「盗る」，C：「摂る」，D：「採る」，E：「撮る」。③例文の**タツ**を漢字に直すと「立つ」。「立つ」はこのほかに，「目算が立つ」「弁が立つ」「演壇に立つ」などで使われる。A〜Eの＿＿線部を漢字に直すと，A：「断つ」，B：「立つ」，C：「建つ」，D：「絶つ」，E：「発つ」。

6　文の並べかえ

例題1

　次の文中の空欄〔1〕〜〔5〕に，意味が通るようにA〜Eの語句を入れたとき，空欄〔4〕にあてはまるものはどれか。

　　ダイナマイトの発明で〔1〕〔2〕〔3〕〔4〕〔5〕中村修二氏などがいる。

　A　受賞したのは物理学者の湯川秀樹氏で
　B　最近では青色発光ダイオードを実用化した
　C　ノーベルの遺言により創設された
　D　ノーベル賞を日本人で初めて
　E　巨万の富を得た

Point

・A〜Eの語句を，Aから順番に読む。
・その際，キーワード（二度以上出てくるものなど）と思われるものがあれば，そこに線を引くなどしておく。

> **キーワード**
> **を探す**

解き方

　Aから順番に読むと，Cに「ノーベルの遺言により……」，Dに「ノーベル賞を……」というように，「ノーベル」が二度出てくる。そこで，CとDは前後関係にあると推測し，両者の内容から「C－D」の順となる。また，Dに続くのは内容としてAであるので，「C－D－A」の順となる。

　次に，問題文の最後に書いてある「中村修二氏」に注目する。「中村修二氏」の前にある〔5〕は中村氏に関して述べているはずなので，これに該当するものをA〜Eの中から探すと，「B」となる。

　最後に「E」を検討すると，「ダイナマイトの発明で」に続くとわかる。

　以上より，「E－C－D－A－B」の順となる。

解答　A

名詞と修飾語

・巨万の富を得た<u>ノーベル</u>
・ノーベルの遺言により創設された<u>ノーベル賞</u>

　上の「ノーベル」と「ノーベル賞」は名詞で，その前にあるのは修飾語。つまり，"名詞の前に修飾語"を手がかりに順番を推理しよう。

例題2

次のア～カの文を正しい順番に並べかえたとき，アの次にくるものはどれか。

ア　六か国を流れ流れてきた国際大河川，ラインは，最後は低平地オランダの運河網となって大地に広がる。

イ　チューリップは水はけのよい土地に適度の乾燥を要求する。

ウ　要するに水にうるさい植物なのである。

エ　オランダはライン川の最下流の国である。

オ　そのくせときに大量の水をほしがる大水呑みであり，また，一定の湿度が必要である。

カ　チューリップの球根産業も，運河のおかげだった。

A　イ　　　B　ウ　　　C　エ　　　D　オ　　　E　カ

Point

"文の並べかえ"の問題を解く際のポイントには次のものなどがある。

・文頭に指示語（それ，これ，あれ，など），接続詞（だから，すると，など）がある文は第一文とならない。

・結論にあたるもの，あるいは，まとめにあたるものを最後の文にする。ただし，結論にあたるものが冒頭にくることもある。

・逆接の接続詞（しかし，だが，など）の前の文は，逆接の接続詞の後の文の内容と反対のことが記述されている。

2つの文の前後関係を考えてみる

"文の並べかえ"の問題の場合，第一文が決まれば全体の流れがかなりみえてくる。しかし，第一文がなかなか決まらない。そこで，2つの文の前後関係を考えるプロセスで，第一文を見つけるようにしよう。

解き方

　"文の並べかえ"の問題を解く際のポイントは，「キーワード」と「指示語」「接続語」に着目することである。

　アの「国際大河川，ライン」と，エの「ライン川の」。
　アの「オランダの運河網」と，カの「運河のおかげ」。
　イの「チューリップは」と，カの「チューリップの」。
　オの「そのくせ」。
　また，ウの「要するに」は，この文がまとめにあたることを示す。

　以上から，「エ―ア―カ―イ―オ―ウ」の順に並ぶことになる。

解答　E

1　次の文中の空欄〔1〕〜〔5〕に，意味が通るようにA〜
　Eの語句を入れたとき，空欄〔2〕にあてはまるものはどれ
　か。

　避暑地，別荘地として〔1〕〔2〕〔3〕〔4〕〔5〕『美し
い村』などが書かれた。

　A　ここを舞台にして
　B　堀辰雄の文学と
　C　知られる軽井沢は
　D　代表作の一つである
　E　切っても切れない関係にあり

> **コーチ**
>
> 　まずは，空欄〔1〕ある
> いは空欄〔5〕にあてはま
> るものを考えてみよう。

2　次の文中の空欄〔1〕〜〔5〕に，意味が通るように，A
　〜Eの語句を入れたとき，空欄〔3〕にあてはまるものはど
　れか。

　各新聞・雑誌（同人雑誌を含む）〔1〕〔2〕〔3〕〔4〕
〔5〕が対象となる。

　A　として発表された短編および長編の
　B　無名・新進・中堅作家
　C　最も優秀なものに与えられる直木賞は
　D　あるいは単行本
　E　大衆文芸作品の中で

> **コーチ**
>
> 　この問題の場合，空欄
> 〔5〕にあてはまるものを
> まず考えよう。

3 次のア〜カの文を正しい順番に並べかえたとき，オの次にくるものはどれか。

ア　これには，野生の牛・馬・いのしし・しかなどが34以上も描いてあって，実に見事なものである。

イ　その中には，洞窟の壁にいろいろな壁画を描いたものが幾つかある。

ウ　ラスコー洞窟の壁画がそれである。

エ　19世紀の終わりごろから，ヨーロッパの各所で，原始人類が住んでいた洞窟がたくさん見つかった。

オ　その中でも有名なのは，スペインの北部，アルタミラ洞窟の壁画である。

カ　ところが，1940年にフランスの南部で，これ以上の壁画が見つかった。

A　ア　　　　B　イ　　　　C　ウ
D　エ　　　　E　カ

解答・解説　　　　文の並べかえ　①

1 解答　B

解説　「避暑地，別荘地として」に続くものは「C」である。また，「『美しい村』などが書かれた」から，〔5〕には「D」が入る。残る「A」「B」「E」について検討すると，「B—E—A」の順となる。

2 解答　E

解説　「が対象となる」から，〔5〕にはBが入る。残る「A」「C」「D」「E」について検討すると，「D—A—E—C」の順となる。

3 解答　A

解説　ア，イ，オ，カはいずれも，文頭に「指示語」「接続詞」があるので，第一文となり得るのはウかエとなる。したがって，その内容から第一文は「エ」となる。
　「イ」は「その中には」，「オ」は「その中でも」となっているので，「イ—オ」と並ぶ。「洞窟」というキーワードから，「エ—イ—オ」と並ぶ。
　「カ」の逆接の接続詞「ところが」に注目。「カ」は「エ—イ—オ」の後と考えられる。「カ」に続くのはその内容から「ウ」。「ア」の「これ」は「アルタミラ洞窟の壁画」を指しているので，「エ—イ—オ—ア—カ—ウ」となる。

練習問題　文の並べかえ　②

1　次の文中の空欄〔1〕～〔5〕に，意味が通るようにA～Eの語句を入れたとき，空欄〔3〕にあてはまるものはどれか。

　　パートタイム，アルバイトなどの〔1〕〔2〕〔3〕〔4〕〔5〕社会問題の一つとなっている。

　　A　すでに35％を大きく上回っているが
　　B　雇用者全体に占める割合は
　　C　長年にわたり賃金がほとんど変わらないため
　　D　総称である非正規社員は
　　E　若者を中心に近年増加しており

コーチ

Aの「すでに35％……」，Bの「……割合は」に着目。

2　次の文中の空欄〔1〕～〔5〕に，意味が通るように，A～Eの語句を入れたとき，空欄〔2〕にあてはまるものはどれか。

　　自然エネルギーとも呼ばれる〔1〕〔2〕〔3〕〔4〕〔5〕二酸化炭素をほとんど出さない。

　　A　石油，石炭などのように枯渇することはなく
　　B　現象から得られるエネルギーのため
　　C　太陽光，風力などの再生可能エネルギーは
　　D　地球温暖化につながる
　　E　自然環境の中で繰り返し起こる

コーチ

どんな短文でも，通常，「主語」「目的語」「述語」は必ずある。まずは「主語」を見つけよう。

3 次のア〜カの文を正しい順番に並べかえたとき，イの次にくるものはどれか。

ア 昔はだいたいそうであった。

イ しかし，人の手が加えられても，それが自然の循環を妨げないほどの状態になっている場合は，自然環境といっても差し支えないであろう。

ウ 今の自然環境は，実は人工環境ともいえるくらい人の手が入っている。

エ 青田に小川が流れ，しらさぎの遊ぶ風景も，人工環境といえよう。

オ しかし現代では，この様相は一変して，自然と対立する人工環境をつくっている。

カ 美しい森も川も，原始のままではない。

A ア B ウ C エ
D オ E カ

解答・解説　　　　文の並べかえ　②

1 解答 B

解説 AとBの内容から，「B—A」と並ぶとわかる。また，「B—A」に続くものをC〜Eの中から探すと，「C」とわかる。また，「C」は「社会問題の一つとなっている」につながるので，Bは〔3〕，Aは〔4〕，Cは〔5〕にあてはまることになる。

2 解答 E

解説 「二酸化炭素をほとんど出さない」と記述されているので，主語にあたる「〜は」を探すと，「C」がそれにあたる。また，「自然エネルギーとも呼ばれる」とCの内容から，Cは〔1〕にあてはまる。残りのA，B，D，Eを検討すると，「C—E—B—A—D」の順となる。

3 解答 A

解説 ウ，エ，オには，いずれも「人工環境」という用語が入っている。これらの内容から，「ウ—エ—オ」の順に並ぶと考えられる。アとカは後回しにしておいて，問題はイの入るところ。イの中に「人の手が加えられても」と書いてあるが，ウにも「人の手が入っている」と書いてある。よって，イはウの後であり，その内容からしてエの後でもある。したがって，「ウ—エ—イ—オ」の順となる。

　イの文頭にも「しかし」，オの文頭にも「しかし」がある。したがって，この二文の間に何かが入ることになるが，それは「ア」である。なお，「カ」は「ウ」のすぐ後に入る。

　以上より，「ウ—カ—エ—イ—ア—オ」となる。

7　空欄補充

例題１

文中の空欄にあてはまるものはどれか。

　われわれ人間の活動の中で，（　　　）ほどその関係するところが広くて深いものはない。われわれは（　　　）によって思想を通じあっている。考えをはこぶときも（　　　）によっている。

A　情　報　　　B　知　識　　　C　経　験
D　言　葉　　　E　意　志

Point

解法の手順は次の通りである。
・空欄があっても文章として意味はだいたい通じるようになっているので，一度，全体を読み通しておく。
・A〜Eの語句を１つひとつ（　　　）に入れてみて，意味が通じるかどうかチェックする。どれを選ぶか迷ったときには，それを繰り返してみる。

解き方

　「思想」とは，一般には「社会，人生などに対する一定の見解のこと」をいう。したがって，われわれは自分の社会などに対する見解を相手に伝えるとき，何で行っているかを考えればよい。それはDの「言葉」である。

　また，考えをはこぶとき，言い換えれば考えを展開するときも「言葉」によって行っている。

　なお，上文には空欄が３つあるので，これらにすべてフィットするものでなくてはならない。どの空欄を使ったら正解が導きやすいか，臨機応変に対処しよう。

解答　D

> **１つひとつ入れてみる**
>
> ・われわれは情報によって思想を通じあっている。
> ・われわれは知識によって思想を通じあっている。
> ・われわれは経験によって思想を通じあっている。
> ・われわれは意志によって思想を通じあっている。

例題2

文中の空欄ア～ウにあてはまるものの正しい組み合わせはどれか。

　現代人は，テレビのために，読書の時間を少なからず奪われているといわれる。（　ア　），このテレビによって，書物からはとうてい得ることのできない，いろいろの知識や楽しみを与えられることが多い。（　イ　），テレビのために読書の時間が奪われたとするのは誤りで，（　ウ　）読書のほかに，テレビを視聴することがふえたというべきだろう。

	ア	イ	ウ
A	それとも	しかし	おそらく
B	ところが	だから	むしろ
C	なぜなら	そこで	決して
D	ところが	そこで	おそらく
E	なぜなら	だから	むしろ

Point

・上記のタイプの空欄補充問題の場合，わかりやすい空欄から埋めていくことがポイントである。
・問題文を一読したとき，内容的に重要と思われる箇所には下線を引くなどしておく。
・ひと通り空欄を埋めた後，空欄の前後関係に不適合はないか再チェックする。

接続詞の種類

〈順接〉だから，そこで，ゆえに
〈逆接〉しかし，だが，ところが，けれど（けれども）
〈並立〉また，および
〈対比・選択〉それとも，または
〈添加〉なお，しかも
〈説明・補足〉なぜなら，つまり
〈転換〉ところで，さて

解き方

　ア，イ，ウの中で最もわかりやすいのはイであろう。空欄イの後の内容は，空欄イの前の内容を受けているので，イには「順接の接続詞」が入ることになる。したがって，「逆接の接続詞」である「しかし」が入っているAはこの時点で誤りとなる。

　次に，ウを検討する。「むしろ」の意味は「どちらかといえば」である。よって，ウの前と後の内容からして，ウには「むしろ」が入る。この時点で，CとDも誤りとなる。

　最後にアを検討する。空欄アの後の内容は，アの前の内容をある程度否定しているので，アには「逆接の接続詞」である「ところが」が入ることになる。「なぜなら」は「説明・補足の接続詞」である。よって，Eも誤りとなる。

解答　B

練習問題　空欄補充　①

1　文中の空欄にあてはまるものはどれか。

人間の体を □ と同じように考えることがよくあります。人体も，□ のように心臓や胃や目などの部分品が集まってできていると考え，胃がおかしいときには胃という部分品が故障したと考えます。

A　機　械　　B　機　具　　C　エンジン
D　ポンプ　　E　コンピューター

コーチ
「部分品」の略が「部品」である。

2　文中の空欄にあてはまるものはどれか。

わが国の場合，国民年金や厚生年金などの公的年金は現役世代の保険料で高齢者への年金給付を行うシステムをとっている。したがって，現役世代で保険料を納めない者が増えたり，あるいは制度自体に加入しない者が増えると，高齢者への年金給付に支障をきたすことになる。このように，公的年金を支える者が著しく減少する現象を公的年金の □ という。

A　多様化　　B　複雑化　　C　空洞化
D　真空化　　E　空虚化

コーチ
「現役世代で保険料を納めない者が増えたりなどすると，どうなるか」を考えてみよう。

3　文中の空欄にあてはまるものはどれか。

人間の世の中は，いったい，どうして変わるのだろうか。もちろん，(　　　　　　　　　　　　) 世の中の変化も考えられるが，その影響は，一時的には非常に大きなものであったとしても，決して長続きするものではない。長い目で見ると，世の中の大きな変化は，おもに人間の営みによってもたらされているものであるということがいえるだろう。

コーチ
「長い目で見ると，世の中の大きな変化は，おもに人間の営みによってもたらされている」の箇所がポイント。

A　地震や台風や洪水などの自然の力による

B　自動車や飛行機の数がふえ，そのスピードも著しく速くなっているという，いわゆる交通機関の発達による

C　テレビはもとより，固定電話・携帯電話やスマートフォンなどの通信機器の発達による

D　人間の知識や技術が進んだことによる

E　企業の事業展開が国境を越えて世界規模に広がるなどの経済のボーダーレス化による

解答・解説	空欄補充　①

1 解答　A

解説　決め手となるのは，「人体も，□□□□のように心臓や胃や目などの部分品が集まってできている」の箇所。部分品が集まってできているものといえば，「機械」となる。通常，部分品のことを部品といい，「部品を組み立てる」「部品が足りない」などとして用いている。

2 解答　C

解説　「空洞」とは，山などにある深い穴のことで，洞穴ともいう。「空洞化」とは，これが転じて，システムとして機能しなくなることをいう。つまり，現役世代で保険料を納めない者が増加したりなどすると，公的年金の制度自体が成り立たなくなるということ。

公的年金の空洞化のほかに，製造業の空洞化という用語がよく使われる。これは製造業の生産拠点が海外に移ることにより，国内の製造業が衰退することをいう。

3 解答　A

解説　後半部に，「長い目で見ると，世の中の大きな変化は，おもに人間の営みによってもたらされているものである」という記述がある。つまり，「人間の営みにより世の中が大きく変化している」と筆者は主張している。

A～Eをみると，B，C，D，Eはいずれも人間の営みの結果として生じたものである。したがって，（　　　）にはA，すなわち「地震や台風や洪水などの自然の力による」が入ることになる。

176

練習問題 　空欄補充 　②

1　文中の空欄にあてはまるものはどれか。

　そもそも，生活というものは，めいめいがそれぞれに悩みをかかえているはずのものだ。昔は，貧乏で弁当を持って来られぬ子も，修学旅行に行かれぬ子もあった。しかし，今は，□□□世の中で，だれもが同じことをできる権利があると子ばかりでなく親も信じがちである。

```
A  競争的     B  合理的     C  封建的
D  民主的     E  功利的
```

> **コーチ**
>
> 一般的には，□□□の前後に，□□□に入るものの手がかりがある。

2　文中の空欄にあてはまるものはどれか。

　サプライチェーンとは，原材料から生産段階，流通段階を経て消費者に財が届くまでの一連の流れをいう。これとは反対に，ディマンドチェーンとは，□□□を起点として，流通段階，生産段階における合理化をはかるための一連の流れをいう。

```
A  生産者     B  消費者     C  卸売業
D  小売業     E  物流業者
```

> **コーチ**
>
> 「これとは反対に」がポイント。"文章を素直に読む"ことが解法の最大のポイントである。

3　文中の空欄にあてはまるものはどれか。

　ある人は言うかも知れない。これからの日本人は，日本人であることに固執して，狭い日本語だけを用いることにとどまらず，広く外国語をも修得して，それを新しい知識の獲得や認識の広がりの有力な武器として活用していかねばならない。
　しかしながらそれが正論であるがゆえに，かえって日本語と日本の優れた文化遺産とについての認識が若い世代の日本人に必要であることを断固として言わなければならない。なぜなら，よき国際人であるためには，まず何よりも□□□□□□□□□□□□□□□□□

> **コーチ**
>
> 空欄の中に入るものは，本文の内容をよく理解していれば，容易にわかる。"筆者は何を言いたいのか"という視点で本文を読んでいこう。

A　日本語と外国語とを同時に使いこなす能力を持つことが必要であるからである。

B　日本語と外国語とを通じて，言葉の根底にあるものを認識する必要があるからである。

C　自分に適した言葉が何であるかを総合的に判断し，選択する必要があるからである。

D　自分が拠って立つ自国の文化に対する深い理解がなくてはならないからである。

E　外国語を修得することが必要で，その手段として自国の言葉や文化に精通しなければならないからである。

解答・解説　　空欄補充　②

1 解答　D

解説　「　　　世の中で」の後に，「だれもが同じことをできる権利がある」と記述されている。だれもが同じことをできる権利がある世の中とは，民主的な世の中といえよう。したがって，　　　には「民主的」が入ることになる。なお，「民主的」の反対語は「封建的」である。

2 解答　B

解説　「これとは反対に，ディマンドチェーンとは，　　　を起点として」と書いてある。一方，「サプライチェーンとは，原材料から生産段階，流通段階を経て，消費者に財が届くまでの一連の流れ」と書いてある。つまり，サプライチェーンの終点は消費者である。ところが，ディマンドチェーンではその流れが反対になるので，ディマンドチェーンの起点は消費者となる。したがって，　　　には「消費者」が入る。

3 解答　D

解説　空欄の前に書かれている，「日本語と日本の優れた文化遺産とについての認識が若い世代の日本人に必要である」に着目しなければならない。つまり，空欄にはこれに関する内容が盛り込まれなくてはならない。

2025年度版　高校生の就職試験　はじめて学ぶSPI

（2023年度版　2022年2月21日　初版　第1刷発行）
2024年2月15日　初版　第1刷発行

編　著　者	ＴＡＣ　株　式　会　社
	（就職試験情報研究会）
発　行　者	多　　田　　敏　　男
発　行　所	ＴＡＣ株式会社　出版事業部
	（ＴＡＣ出版）

〒101-8383
東京都千代田区神田三崎町 3-2-18
電 話 03（5276）9492（営業）
FAX 03（5276）9674
https://shuppan.tac-school.co.jp

組　　版	有 限 会 社　文 字 屋
印　　刷	日 新 印 刷　株 式 会 社
製　　本	株 式 会 社　常 川 製 本

© TAC 2024　　　Printed in Japan　　　ISBN 978-4-300-10680-8
N. D. C. 336

TAC出版 書籍のご案内

TAC出版では、資格の学校TAC各講座の定評ある執筆陣による資格試験の参考書をはじめ、資格取得者の開業法や仕事術、実務書、ビジネス書、一般書などを発行しています！

TAC出版の書籍

*一部書籍は、早稲田経営出版のブランドにて刊行しております。

資格・検定試験の受験対策書籍

- ✪日商簿記検定
- ✪建設業経理士
- ✪全経簿記上級
- ✪税 理 士
- ✪公認会計士
- ✪社会保険労務士
- ✪中小企業診断士
- ✪証券アナリスト

- ✪ファイナンシャルプランナー(FP)
- ✪証券外務員
- ✪貸金業務取扱主任者
- ✪不動産鑑定士
- ✪宅地建物取引士
- ✪賃貸不動産経営管理士
- ✪マンション管理士
- ✪管理業務主任者

- ✪司法書士
- ✪行政書士
- ✪司法試験
- ✪弁理士
- ✪公務員試験(大卒程度・高卒者)
- ✪情報処理試験
- ✪介護福祉士
- ✪ケアマネジャー
- ✪社会福祉士　ほか

実務書・ビジネス書

- ✪会計実務、税法、税務、経理
- ✪総務、労務、人事
- ✪ビジネススキル、マナー、就職、自己啓発
- ✪資格取得者の開業法、仕事術、営業術
- ✪翻訳ビジネス書

一般書・エンタメ書

- ✪ファッション
- ✪エッセイ、レシピ
- ✪スポーツ
- ✪旅行ガイド (おとな旅プレミアム/ハルカナ)
- ✪翻訳小説

(2021年7月現在)

書籍のご購入は

1 全国の書店、大学生協、ネット書店で

2 TAC各校の書籍コーナーで

資格の学校TACの校舎は全国に展開!
校舎のご確認はホームページにて

資格の学校TAC ホームページ
https://www.tac-school.co.jp

3 TAC出版書籍販売サイトで

CYBER TAC出版書籍販売サイト
BOOK STORE

24時間ご注文受付中

TAC 出版　で　検索

https://bookstore.tac-school.co.jp/

新刊情報を
いち早くチェック!

たっぷり読める
立ち読み機能

学習お役立ちの
特設ページも充実!

TAC出版書籍販売サイト「サイバーブックストア」では、TAC出版および早稲田経営出版から刊行されている、すべての最新書籍をお取り扱いしています。

また、無料の会員登録をしていただくことで、会員様限定キャンペーンのほか、送料無料サービス、メールマガジン配信サービス、マイページのご利用など、うれしい特典がたくさん受けられます。

サイバーブックストア会員は、特典がいっぱい! (一部抜粋)

通常、1万円(税込)未満のご注文につきましては、送料・手数料として500円(全国一律・税込)頂戴しておりますが、1冊から無料となります。

専用の「マイページ」は、「購入履歴・配送状況の確認」のほか、「ほしいものリスト」や「マイフォルダ」など、便利な機能が満載です。

メールマガジンでは、キャンペーンやおすすめ書籍、新刊情報のほか、「電子ブック版TACNEWS(ダイジェスト版)」をお届けします。

書籍の発売を、販売開始当日にメールにてお知らせします。これなら買い忘れの心配もありません。

書籍の正誤に関するご確認とお問合せについて

書籍の記載内容に誤りではないかと思われる箇所がございましたら、以下の手順にてご確認とお問合せをしてくださいますよう、お願い申し上げます。

なお、正誤のお問合せ以外の**書籍内容に関する解説および受験指導などは、一切行っておりません。**
そのようなお問合せにつきましては、お答えいたしかねますので、あらかじめご了承ください。

1 「Cyber Book Store」にて正誤表を確認する

TAC出版書籍販売サイト「Cyber Book Store」の
トップページ内「正誤表」コーナーにて、正誤表をご確認ください。

CYBER TAC出版書籍販売サイト
BOOK STORE

URL：https://bookstore.tac-school.co.jp/

2 1の正誤表がない、あるいは正誤表に該当箇所の記載がない ⇒ 下記①、②のどちらかの方法で文書にて問合せをする

★ご注意ください★

お電話でのお問合せは、お受けいたしません。

①、②のどちらの方法でも、お問合せの際には、「お名前」とともに、
「対象の書籍名（○級・第○回対策も含む）およびその版数（第○版・○○年度版など）」
「お問合せ該当箇所の頁数と行数」
「誤りと思われる記載」
「正しいとお考えになる記載とその根拠」
を明記してください。

なお、回答までに1週間前後を要する場合もございます。あらかじめご了承ください。

① ウェブページ「Cyber Book Store」内の「お問合せフォーム」より問合せをする

【お問合せフォームアドレス】

https://bookstore.tac-school.co.jp/inquiry/

② メールにより問合せをする

【メール宛先　TAC出版】

syuppan-h@tac-school.co.jp

※土日祝日はお問合せ対応をおこなっておりません。
※正誤のお問合せ対応は、該当書籍の改訂版刊行月末日までといたします。

乱丁・落丁による交換は、該当書籍の改訂版刊行月末日までといたします。なお、書籍の在庫状況等により、お受けできない場合もございます。
また、各種本試験の実施の延期、中止を理由とした本書の返品はお受けいたしません。返金もいたしかねますので、あらかじめご了承くださいますようお願い申し上げます。

別冊冊子

別冊冊子

色紙

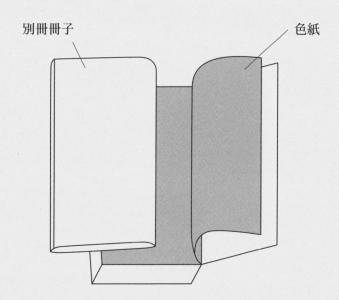

―――――〈別冊冊子ご利用時の注意〉―――――

　以下の「別冊冊子」は，この色紙を残したまま
ていねいに抜き取り，ご利用ください。
　また，抜取りの際の損傷についてのお取替えは
ご遠慮願います。

別　冊

はじめて学ぶ
SPI

これも
出る!!

① フローチャート

例題

　下の図式は，ある業界の各企業の初任給を従業員の規模にもとづいて表したものである。以下の問いに答えなさい。

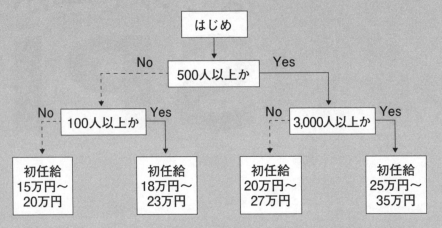

① 企業規模が100人以上の会社の場合，従業員の初任給はいくらか。

   A　18〜23万円　　　　B　18〜27万円

   C　18〜35万円　　　　D　20〜27万円

   E　20〜35万円

② 企業規模が3,000人以上の会社の年間給与額と，企業規模が100人以上から500人未満の会社の年間給与額を比較した場合，両者の間には最大でいくらの開きがあるか。ただし，ボーナス，残業代などは含まないものとする。

   A　166万円　　　　B　180万円

   C　184万円　　　　D　204万円

   E　212万円

③ 企業規模が500人以上から3,000人未満の会社の年間給与額と，企業規模が100人未満の会社の年間給与額を比較した場合，両者の間には最小でいくらの開きがあるか。ただし，ボーナス，残業代などは含まないものとする。

   A　　　0円　　　　B　30万円

   C　　60万円　　　　D　80万円

   E　100万円

Point

・与えられた図式の はじめ をスタート地点とする。

・「500人以上か」の質問に対して「Yes」と答えたなら，その会社の従業員は500人以上ということになる。

・「3,000人以上か」の質問に対して「No」と答えたなら，その企業の従業員は3,000人未満ということになる。

解き方

① 企業規模が100人以上の会社に該当するのは，「100人以上から500人未満の会社」「500人以上から3,000人未満の会社」「3,000人以上の会社」である。

初任給が最も低いのは「100人以上から500人未満の会社」の18万円であり，最も高いのは「3,000人以上の会社」の35万円である。よって，Cの18〜35万円となる。

 C

② 企業規模が3,000人以上の会社の中で，初任給が最も高いのは35万円である。よって，この会社の年間給与額は 35×12＝420（万円）。

企業規模が100人以上から500人未満の会社の中で，初任給が最も低いのは18万円である。よって，この会社の年間給与額は18×12＝216（万円）

以上より，求めるものは，420−216＝204（万円）

 D

③ 企業規模が500人以上から3,000人未満の会社の中で，初任給が最も低いのは20万円である。

一方，企業規模が100人未満の会社の中で，初任給が最も高いのは20万円である。

以上より，両者の年間給与額の間には開きはなく，0円となる。

 A

確認

「100人以上」の場合，100人が含まれることになる。

よって，「100人以上か」の質問に対して「No」と答えたなら，その企業は100人未満の会社となる。「100人未満」とは100人に達していないので，その会社の従業員は最も多くても99人ということになる。

　XとYがバドミントンの試合を行った。ルールは1ゲーム（バドミントンではセットという呼び名はない）21点先取制で，早く2ゲームとった方が勝ちとなる。以下の問いに答えなさい。

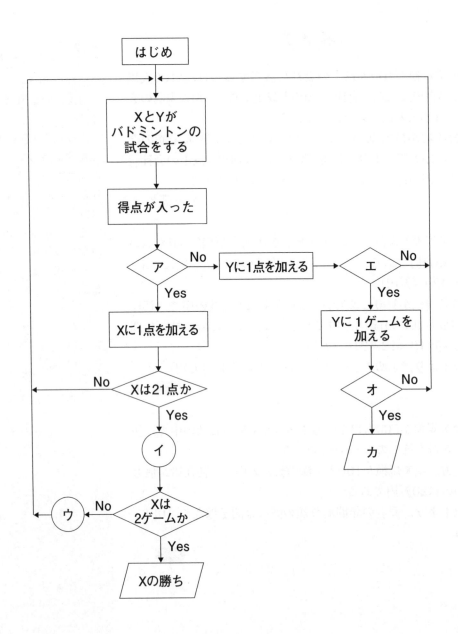

① ア での質問はどのようなことか。
　A　Xが得点したか　　　　　B　Yが得点したか
　C　Xが1ゲームとったか　　D　Yが1ゲームとったか
　E　XとYのどちらが得点したか

② イ での指示はどのようなことか。
　A　Xに1点を加える　　　　B　Yに1点を加える
　C　Xに1ゲームを加える　　D　Yに1ゲームを加える
　E　XとYのどちらかに1ゲームを加える

③ ウ での指示はどのようなことか。
　A　Xの勝ちとする　　　　　B　Yの勝ちとする
　C　試合を中止する　　　　　D　試合を続ける
　E　この勝負は引き分けとする

④ エ での質問はどのようなことか。
　A　Xは21点か　　　　　　　　B　Yは21点か
　C　Xが2ゲームとったか　　　D　Yは2ゲームとったか
　E　XとYのどちらが2ゲームとったか

⑤ オ での質問はどのようなことか。
　A　Xは21点か　　　　　　　　B　Yは21点か
　C　Xは2ゲームとったか　　　D　Yは2ゲームとったか
　E　XとYのどちらが2ゲームとったか

> **コーチ**
>
> アの欄に，「Xが得点したか」「Yが得点したか」など，1つひとつあてはめてみる。そして，「Yes」と答えたとき，「No」と答えたときの「出力」の内容を比較・検討してみる。

> **コーチ**
>
> 「Xは2ゲームか」と質問したとき，「No」と答えると，どんな内容が出力されるか，考えてみる。

> **コーチ**
>
> 「カ」の出力の内容は，「Yの勝ち」である。

解答・解説 フローチャート

① **解答**　A
その理由は，「Yes」と答えたら，「Xに1点を加えることになる」からである。

② **解答**　C
Xは21点とったので，「Xに1ゲームを加えることになる」。

③ **解答**　D
Xは2ゲームをとっていないので，XとYの試合を続けることになる。

④ **解答**　B
その理由は，「Yes」と答えたら，「Yに1ゲームを加えることになる」からである。

⑤ **解答**　D
その理由は，「No」と答えたら，XとYの試合を続けることになる。

② PERT法

例題

　下図は，各作業（①〜⑩）に要する日数を示したものである。図を見て，次の各問いに答えなさい。

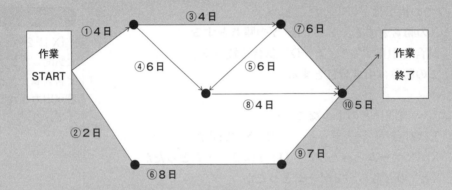

① 作業⑧を始めるために終了していなければならない作業はどれか。すべて挙げているものを選びなさい。
　A　①②③④　　　B　①②③④⑤　　C　①③④
　D　①③⑤　　　　E　①③④⑤

② 作業⑦が遅れた場合，作業⑩を通常の日程で行うためには，作業⑦の遅れを何日以内にとどめればよいか。
　A　1日　　　　B　2日　　　C　3日
　D　4日　　　　E　5日

③ すべての作業が順調に進んだ場合，作業のスタートから終了まで何日かかるか。
　A　19日　　　B　20日　　　C　21日
　D　22日　　　E　23日

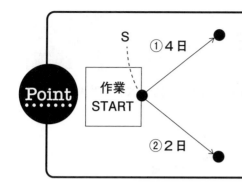

最初に，PERT図の見方をよく理解すること。

左図を見て，作業①を行った後に作業②を始めると考える人もいるかもしれないが，それは間違い。左図に便宜上，点Sを記入したが，作業①と作業②は点Sから出ているので，作業は同時に始まる。これと同様，例題の図の作業③と作業④も同時に始まる。

解き方

① 作業⑧を始めるためには，作業①が終了した後，作業③と作業④を同時に始め，作業③についてはさらに作業⑤を終了しなければならない。よって，①，③，④，⑤の5つの作業が終了しなければならない。

解答 E

② 最初に，作業⑦が通常の日程で終了した場合，スタートから何日で終了するかを計算しておく。

作業①→作業③→作業⑦に要する日数は，

$$4 + 4 + 6 = 14 （日）$$

次に，作業⑧が通常の日程で終了した場合，スタートから何日で終了するかを計算する。

作業①→作業③→作業⑤→作業⑧に要する日数は，

$$4 + 4 + 6 + 4 = 18 （日）$$

念のため，作業⑨が通常の日程で終了した場合，スタートから何日で終了するかを計算する。

作業②→作業⑥→作業⑨に要する日数は，

$$2 + 8 + 7 = 17 （日）$$

以上より，求めるものは，$18 - 14 = 4$ （日）

解答 D

③ 作業⑩にたどりつくまで，作業⑦，作業⑧，作業⑨を経由する3つのルートがあるが，これらのルートのうち，作業日数を最も要するのが作業⑧のルートである。

したがって，作業⑧のルートは18日要するので，これに作業⑩の日数を加えると，$18 + 5 = 23$ （日）となる。

解答 E

確認

作業⑧にたどりつくまでのルートは2つある。

1つは，作業①→作業③→作業⑤のルートである。

もう1つは，作業①→作業④のルートである。

作業①→作業③→作業⑤が終了するために要する日数は，$4 + 4 + 6 = 14$（日）

一方，作業①→作業④が終了するために要する日数は，$4 + 6 = 10$（日）

したがって，作業⑧がスタートするために要する日数を計算する場合，作業①→作業③→作業⑤に要する日数だけを計算すればよい。

　下図は，各作業（①～⑬）に要する日数を示したものである。図を見て，各問いに答えなさい。

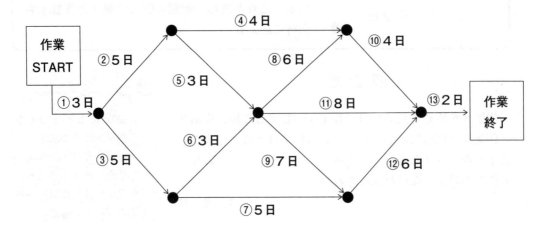

コーチ

作業⑬に取りかかるためには，どんな作業を終了しておく必要があるか？

①　作業⑪が遅れた場合，作業⑬を通常の日程で行うためには，作業⑪の遅れを何日以内にとどめればよいか。

A　1日　　B　2日　　C　3日
D　4日　　E　5日

コーチ

作業⑩と作業⑪の違いをしっかり把握しておこう。

②　作業⑩が遅れた場合，作業⑬を通常の日程で行うためには，作業⑩の遅れを何日以内にとどめればよいか。

A　1日　　B　2日　　C　3日
D　4日　　E　5日

コーチ

"すべての作業が順調に進んだ場合"に要する日数である。

③　すべての作業が順調に進んだ場合，作業のスタートから終了まで何日かかるか。

A　23日　　B　25日　　C　26日
D　29日　　E　31日

計算欄

解答・解説　PERT法

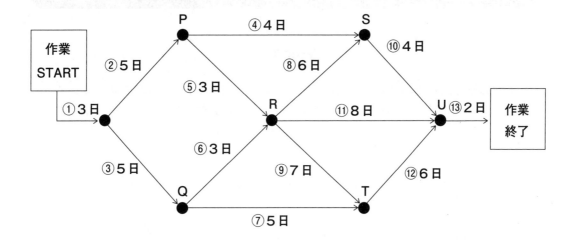

①　解答　E

　解説　上図を見てもらいたい。START して，点Rに到達するまでの日数は同じである。つまり，作業①→作業②→作業⑤のルートで点Rに到達しても，作業①→作業③→作業⑥のルートで点Rに到達しても，作業に要する日数はともに11日である。したがって，それ以降について着目するとよい。

　　点Rから点Uに到達するルートは，作業⑪のほかに，作業⑧→作業⑩，作業⑨→作業⑫のルートがある。作業⑧→作業⑩のルートに要する日数は，6＋4＝10（日）。作業⑨→作業⑫のルートに要する日数は7＋6＝13（日）　したがって，作業⑪には通常8日かかるので，求めるものは，13－8＝5（日）となる。

　　なお，作業④と作業⑦については考慮する必要はない。なぜなら，たとえば，点Pから点Sに行く場合，点Rを通る場合は3＋6＝9（日）要するが，作業④のルートは4日しかかからない。つまり，9日間のうちに作業④は終了している。

②　解答　C

　解説　①の 解説 で述べたように，作業⑧→作業⑩のルートに要する日数は6＋4＝10（日）。一方，作業⑨→作業⑫のルートに要する日数は7＋6＝13（日）。したがって，求めるものは，13－10＝3（日）

③　解答　C

　解説　START から点Rに到達するまでが11日。点Rから点Tを通って点Uに到達するまでが，7＋6＝13（日）。そして，作業⑬に要する日数が2日。以上より，合計＝11＋13＋2＝26（日）

例題1

下図の平行四辺形ABCDは，AB＝12cm，AD＝30cmである。辺DCを延長して，CE＝8cmとなるように点Eをとり，線分AEと辺BCの交点をFとするとき，BFの長さはいくらか。

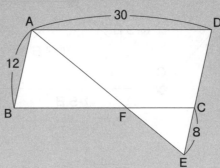

A　14cm

B　16cm

C　18cm

D　20cm

E　22cm

Point

・"2つの三角形は相似ではないか"と，まず考えてみる。

・三角形の相似条件は次の3つである。

(ⅰ) 3組の辺の比が等しい。

(ⅱ) 2組の辺の比が等しく，その間の角が等しい。

(ⅲ) 2組の角がそれぞれ等しい。

確認

▱ABCDは平行四辺形であるので，AB∥DCである。∴AB∥DEであることから，∠BAFとCEFは錯覚となり，∠BAF＝∠CEFとなる。

また，∠AFBと∠EFCは対頂角であることから，∠AFB＝∠EFCとなる。

解き方

△ABFと△ECFに着目する。

$\angle AFB = \angle EFC$

$\angle BAF = \angle CEF$

∴ △ABF ∽ △ECF

AB＝12，CE＝8より，

相似比は，12：8＝3：2

BF＝xとおくと，FC＝30−xとなる。

以上より，次式が成立する。

$3:2 = x:30-x$

$2x = 90-3x$

$5x = 90$

∴ $x = 18$

解答　C

例題2

下図の△ABCにおいて，∠A＝∠R，AC＝6cm，BC＝6√10 cmである。また，辺ACを延長して，CD＝3cmとなるように点Dをとる。このとき，△BCDの面積はいくらか。

A　27cm²
B　30cm²
C　35cm²
D　38cm²
E　40cm²

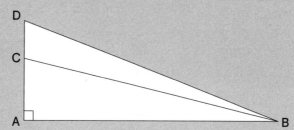

Point

・三平方の定理を使い，まずABの長さを求める。

・次に，△ABDの面積を求める。

・最後に，△BCDの面積が△ABDの面積に占める割合を考える。

解き方

三平方の定理より，△ABCについて次式が成立する。

$$AB^2＋AC^2＝BC^2$$
$$AB^2＋6^2＝(6\sqrt{10})^2$$
$$AB^2＋36＝360 \qquad AB^2＝360－36＝324$$
$$\therefore AB＝18$$

△ABDの面積をSとすると，

$$S＝\frac{1}{2}×AB×AD＝\frac{1}{2}×18×(6＋3)$$
$$＝81$$

△ABDと△BCDを比較すると，次のことがいえる。

・2つの三角形の高さはともに，AB＝18である。

・△ABDの底辺はAD＝9

・△BCDの底辺はCD＝3

つまり，△BCDの高さは△ABDのそれと同じではあるものの，△BCDの底辺は，

$$△ABDのそれの \frac{3}{9}＝\frac{1}{3} である。$$

以上より，△BCDの面積をS'とすると，

$$S'＝\frac{1}{2}×18×9×\frac{1}{3}＝27(cm^2)$$

解答　A

確認

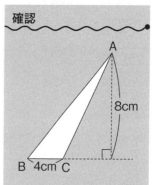

上図の△ABCの面積S''は，$S''＝\frac{1}{2}×4×8$
$＝16 （cm^2）$

本問についても，△BCDの面積S'は，

$$S'＝\frac{1}{2}×18×3$$
$$＝27 （cm^2）$$

と計算できる。

練習問題　図　形（1）

コーチ

1. 下図の△ABCはAB＝ACの二等辺三角形であり，∠BAC＝40°である。ℓ//m のとき，∠CBmの角度はいくらか。

△ABCは二等辺三角形であるので，まず∠ABCと∠ACBの角度を記入すること。

A　22°
B　24°
C　26°
D　28°
E　30°

計算欄

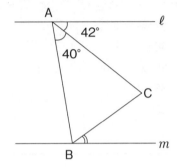

2. 下図において，AB//CDである。また，AB//EFである。AB＝12cm，CD＝18cmのとき，EFの長さはいくらか。

まずは，△AFBと△CFDに着目しよう。

A　6.8cm
B　7.0cm
C　7.2cm
D　7.4cm
E　7.6cm

計算欄

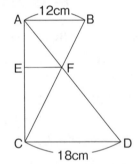

3. 下図のように，2辺の長さが9cm，12cmの直角三角形に内接している円がある。この円の半径は何cmか。

円の外部の点から引いた2本の接線の長さは等しい。

A　2.5cm
B　3.0cm
C　3.5cm
D　4.0cm
E　4.5cm

計算欄

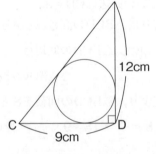

解答・解説　図　形（1）

1 解答 D

解説　△ABCは二等辺三角形であるので，∠ABC＝
∠ACB＝（180°−40°）÷2＝70°となる。

　右図のように補助線を引いてみると，∠ℓAC＝
∠ACD＝42°（錯角）　よって，∠DCB＝70°−42°＝28°

　また，∠DCB＝∠CBm（錯角）であることから，∠
CBm＝28°

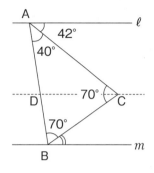

2 解答 C

解説　まず，△AFBと△CFDに着目する。∠AFB＝∠CFD（対頂角），∠ABF＝∠FCD（錯角）　なぜ
なら，AB∥CDである。よって，△AFB∽△CFD　AB＝12cm，CD＝16cmであることから，
AF：FD＝12：18

　　次に，△AEFと△ACDに着目する。∠EAF＝∠CAD　また，AB∥EF∥CDより，∠AFE＝∠
ADC（同位角）　よって，△AEF∽△ACD　AF：FD＝12：18より，AF：AD＝12：（12＋18）＝
12：30　また，EF：CD＝12：30　以上より，次式が成立する。EF：CD＝12：30＝EF：18
30EF＝12×18　30EF＝216　∴EF＝7.2（cm）

3 解答 B

解説　円の半径をx（cm）とする。円の接線は接点を通
る半径に垂直であり，また円の外部の点から引い
た2本の接線の長さは等しいことから，右図にお
いてAD＝AE＝xとなる。同様に，BD＝BF，CE
＝CFとなる。

　ここで，BCの長さを求める。AB²＋CA²＝BC²，
12²＋9²＝BC²，144＋81＝BC²，BC²＝225
∴BC＝15

　BD＝BFから，12−x＝BF　∴BF＝12−x
CE＝CFから，9−x＝CF　∴CF＝9−x

　以上より，BC＝BF＋CF，15＝12−x＋9−x，
2x＝12＋9−15，2x＝6　∴x＝3

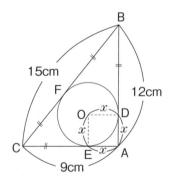

練習問題 図 形（2）

コーチ

わからなければ、三角形の高さを求めても、面積は計算できる。

計算欄

1. 下図の△ABCの面積は224cm²で、BFは20cm，FC＝8cmである。このとき，△AFCの面積はいくらか。

   A　64cm²
   B　68cm²
   C　72cm²
   D　76cm²
   E　80cm²

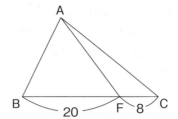

コーチ

2つの三角形は相似である。

計算欄

2. 下図において，AD＝3cm，AE＝2cm，EC＝4cm，DE＝4cm，DE∥BCである。xとyの組み合わせとして正しいものはどれか。

   A　$x=6$, $y=8$
   B　$x=6$, $y=10$
   C　$x=6$, $y=12$
   D　$x=7$, $y=10$
   E　$x=7$, $y=12$

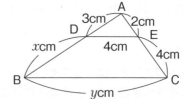

コーチ

点Oから接点である点Bに垂線をおろしてみる。

計算欄

3. 下図において，ABは円Oの接線で，点Bは接点である。また，点Cは，点Aと中心を結んだ線分の延長と円が交わる点で，∠BAC＝20°である。このとき，∠ACBの角度はいくらか。

   A　30°
   B　35°
   C　40°
   D　45°
   E　50°

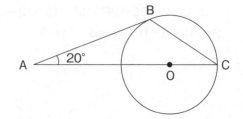

4. 下図の四角形ABCDは，AD//BC，AD：BC＝3：5である。また，△ABCの面積は48cm²である。
  このとき，以下の問いに答えなさい。

コーチ

AD//BC であるので，
△OAD ∽ △OBC。

計算欄

① △OADの面積はいくらか。
  A　10.2cm²　　　B　10.8cm²
  C　11.4cm²　　　D　12.0cm²
  E　12.4cm²

② △OBCの面積はいくらか。
  A　18cm²　　　B　20cm²　　　C　24cm²
  D　26cm²　　　E　30cm²

解答・解説　図　形（2）

1　**解答**　A

解説　△ABCの底辺は20cm，△AFCの底辺は8cmであるが，2つの三角形の高さは同じ

である。よって，△ABFの面積は△ABCの面積の $\frac{20}{20+8}=\frac{20}{28}=\frac{5}{7}$　一方，△AFCの

面積は△ABCの面積の $\frac{8}{20+8}=\frac{8}{28}=\frac{2}{7}$

以上より，△AFCの面積＝$224\times\frac{2}{7}=32\times2=64$（cm²）

（別解）

△ABCの高さをhとすると，$S=\frac{1}{2}\times(20+8)\times h=224$

$\therefore 14h=224$　　　　$\therefore h=16$

△AFCの面積をS'とすると，$S'=\frac{1}{2}\times8\times16=64$（cm²）

2 解答 C

解説 △ADEと△ABCに注目する。2つの三角形は、∠Aが共通であること、DE∥BCから∠ADE＝∠ABCにより、△ADE∽△ABCである。

BD＝xの長さについては、次のように考えると簡単である。AE：EC＝2：4＝1：2　よって、AD：DB＝1：2となる。AD：DB＝1：2＝3：xより、x＝6　つまり、BD＝xは6cmとなる。

BC＝yの長さについては、次のように考える。△ADE∽△ABC。よって、AE：AC＝2：(2＋4)＝2：6＝1：3　したがって、DE：BC＝1：3＝4：y　∴y＝12　つまり、BC＝yは12cmとなる。

3 解答 B

解説 図Ⅰに示すように、ABは円Oの接線であるので、点Oから点Bに垂線をおろすと、∠ABO＝90°となる。よって、△AOB＝180°－20°－90°＝70°

図Ⅱに示すように、1つの円で、ある弧に対する円周角の大きさは一定であり、その弧に対する中心角の$\frac{1}{2}$に等しい（円周角の定理）。よって、弧BDに対する中心角は70°であるので、弧BDに対する円周角は35°（70°÷2）となる。

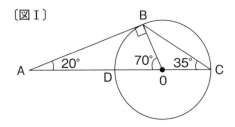

〔図Ⅰ〕

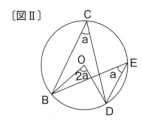

〔図Ⅱ〕

4

① 解答 B

解説 右図のように、便宜上、AD＝3a、BC＝5aとする。また、△OADの高さを3h、△OBCの高さを5hとする。

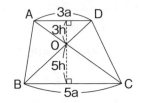

△OADの面積＝$\frac{1}{2}$×3a＋3h＝$\frac{9}{2}$ah

△ABCの面積＝$\frac{1}{2}$×5a×(5h＋3h)

　　　　　＝20ah

△ABCの面積は48(cm²)であるので、20ah＝48　∴ah＝2.4

したがって、△OADの面積＝$\frac{9}{2}$ah＝$\frac{9}{2}$×2.4＝10.8(cm²)

② 解答 E

解説 △OBCの面積＝$\frac{1}{2}$×5a×5h＝$\frac{25}{2}$ah＝$\frac{25}{2}$×2.4＝30(cm²)